CW01236851

MONT-BLANC

À Odile et Gérard, pour leur amitié et leur soutien...

© Mario Colonel Editions, 19 rue Whymper, 74400 Chamonix.
Tous droits réservés pour tous pays.
ISBN 978-2-9531900-0-7

MONT-BLANC

Mario Colonel

Meilleur livre photo, festival de Banff (Canada), 2008

Best Book - Mountain Image, Banff Mountain Festival 2008

Col de Salenton
Refuge de la Pierre à Bérard
Col des Montets
1461
Refuge du Tour
Pointe d'Orny
3270
Cabane d'Orny
Refuge d'Anterne Alfred Wills
Refuge Albert 1er
Cabane du Trient
Aiguille du Tour
3529
le Tour
Plateau du Trient
le Portalet
3344
MASSIF DES AIGUILLES ROUGES
Aig. du Belvédère
2965
Glacier du Tour
Col du Tour
Aiguilles Dorées
Tête de Moëde
2459
Chalet du Lac Blanc
Argentière
Biv. de l'Envers des Dorées
Cabane de Saleina
Pointe d'Anterne
2733
Aiguilles Crochues
2837
Aiguille du Chardonnet
3824
Glacier de Saleina
3151
Grande Pointe des Planereuses
Refuge de Lognan
Aig. de la Glière
2852
Refuge du Col d'Anterne
Grande Lui
3514
Grand Darrey
3509
Aiguille d'Argentière
3901
Chalet de la Flégère
Pointe Noire de Pormenaz
2323
Aig. Pourrie
2561
le Lavancher
Glacier d'Argentière
Aiguille de l'A Neuve
3753
3835
Cabane de l'A Neuve
Refuge d'Argentière
Tour Noir
2549
Aig. de Charlanon
Vallée de la Diosaz
Glacier de l'A Neuve
l'Amône
AIGUILLE VERTE
4122
Glacier du Nant Blanc
3680
Aiguilles Rouges du Dolent
LE BRÉVENT
2525
les Praz-de Chamonix
le Montenvers
LES DRUS
3754
les Droites
4000
les Courtes
3856
Biv. du Dolent ou de la Maye
MONT DOLENT
3823
Servoz
l'Evèque
Ref. de la Charpoua
3469
Glacier de Talèfre
Glacier du Dolent
Aiguillette des Houches
2285
Refuge de Bel Lachat
CHAMONIX-MONT BLANC
MER DE GLACE
Aiguille du Moine
3412
3870
Aiguille de Triolet
Glacier de Pré de Bar
Aig. des Grds Charmoz
Refuge du Couvercle
Plan de l'Aiguille
Ref du Plan de l'Aiguille
3445
Ref. d'Envers des Aiguilles
3730
Aiguille de Talèfre
Bivouac Fiorio-Dolent
Tête de Ferret
2714
Aig. de Blaitière
3522
Glacier du Tacul
Glacier de Leschaux
Refuge de Leschaux
Refuge C.Dalmazzi ou du Triolet
Glacier de Triolet
Grand Col Ferret
Aig. du Plan
3673
Aiguille du Tacul
3444
3759
Aiguille de Leschaux
Refuge Elena
les Houches
Tunnel du Mont-Blanc
Glacier des Bossons
Refuge du Requin
Petites Jorasses
3650
Bivouac G.Comino
AIGUILLE DU MIDI
3842
Glacier du Mt Malet
Bivouac des Périades
Pointe Whymper
Pointe Walker
Bivouac Gervasutti
GRANDES JORASSES
la Vallée Blanche
Bellevue
Glacier de Taconnaz
Refuge des Grands Mulets
Refuge des Cosmiques
Mt Malet
3989
4184
4208
Glacier du Géant
4015
Bivouac Jachia
MT BLANC DU TACUL
4248
Pyramide du Tacul
3468
DENT DU GÉANT
4013
Dôme de Rochefort
Bionnassay
le Nid d'Aigle
Refuge de Tête Rousse
Refuge de l'Aig. du Goûter
3836
le Grand Capucin
Refuge Boccalatte
Vallon de Malatra
Glacier de Bionnassay
Aig. du Goûter
MONT MAUDIT
4465
la Tour Ronde
3792
3535
Aiguilles Marbrées
3482
Refuges Torino
Refuge W.Bonatti
Mont Chichet
3043
Col de Tricot
DÔME DU GOÛTER
4304
Bivouac Vallot
Arête de la Brenva
Pointe Helbronner
Val Ferret
AIGUILLE DE BIONNASSAY
4052
MONT BLANC
4810
3269
Aig. de la Brenva
Planpincieux
Tête de la Tronche
2584
Ref. du Plan Glacier
Glacier de Miage
Grd Pilier d'Angle
4243
Mont de la Saxe
Grande Rochère
3326
Mt Blanc de Courmayeur
4748
Aig. Blanche de Peuterey
4112
Bivouac Durier
Bivouac Eccles
Glacier de la Brenva
Entrèves
Aig. de Chambave
3067
Dômes de Miage
Ref.Gonella
3730
Pointe Innominata
3773
Aig. Noire de Peuterey
Refuge Bertone
3673
Glacier du Miage
Bivouac Borelli ou de la Noire
Mont Chétif
2343
Val Sapin
Aig. de la Bérangère
3425
Ref. Monte Bianco
Refuge Monzino
AIGUILLE DE TRÉ LA TÊTE
3930
Petit Mt Blanc
3424
COURMAYEUR
Refuge des Conscrits
Aiguilles de la Lex Blanche
3697
Bivouac G.Rainetto
Ref. Maison Vieille
Val Veny
Glacier de Tré la Tête
Aiguille de Combal
2839
Glacier de la Lex Blanche
Aiguille des Glaciers
3816
Refuge E.Soldini
Mt Fortin
2753
Tête des Vieux
2978
Pré St-Didier
Morgex
Mont Tondu
3196
Refuge Robert Blanc
Vallon de la Lex Blanche
Vallon de Youla
Bérrio Blanc
3252
Col de la Seigne
Vallon de Chavanne
Mt Charvel
2489
Refuge des Mottets
la Ville des Glaciers
Mt Ouille
3099

Sommaire
Contents

P 7   Lettre **au Voyageur**
         Letter **to the traveller**

P 11   **Aiguilles de Chamonix**
         Chamonix Aiguilles

P 37   **Mont Blanc**, versant Nord
         Mont Blanc, north side

P 69   **Dômes de Miage - Bionnassay**

P 85   **Mont Blanc**, versant italien
         Mont Blanc, Italian side

P 115   **Mont Blanc**, cœur du massif
         Mont Blanc, the heart of the massif

P 157   **Mont Blanc**, versant suisse
         Mont Blanc, Swiss side

P 175   Bassins **du Tour et d'Argentière**
         Le Tour and Argentière basins

P 204   **Les gens** du Mont Blanc
         People of Mont Blanc

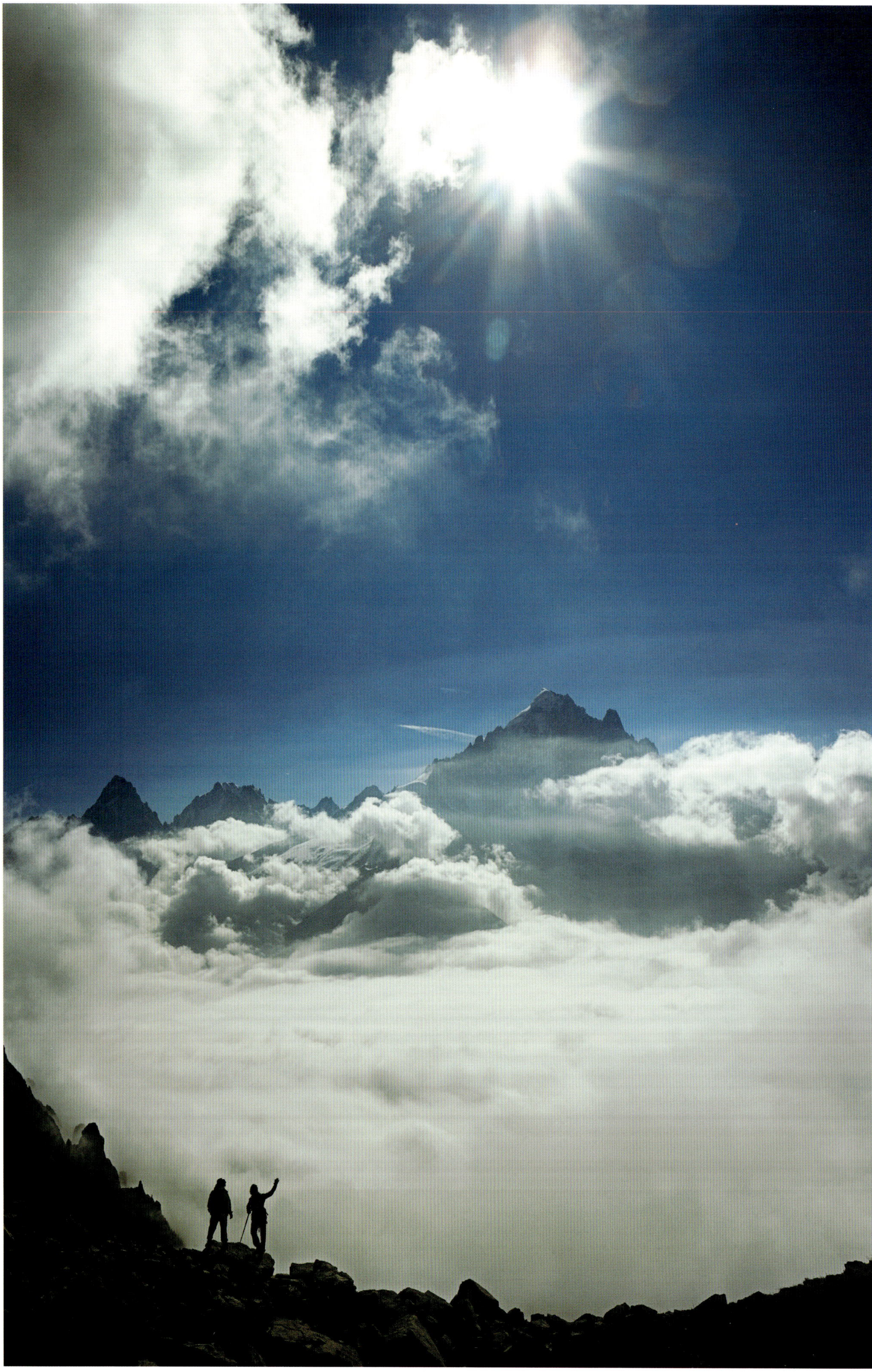

Lettre au voyageur

Le Mont Blanc est-il une montagne universelle ? Point de gravité de l'Arc Alpin, enjeu aujourd'hui d'un combat planétaire, celui de l'environnement, avec ces glaciers qui reculent à une vitesse presque palpable, le massif du Mont Blanc nous rappelle à longueur de temps notre besoin d'espace naturel, tout particulièrement en plein cœur de l'Europe. L'homme a toujours eu besoin du Mont Blanc, et la montagne n'existe pas sans le regard que lui porte les hommes. Cette histoire est séculaire désormais.

Elle débute officiellement en 1741. Chamonix et ses « glacières » sont à la mode, ceci grâce au récit de William Windham et Richard Pocok qui transforment un simple site, celui du Montenvers en une « Mer de Glace ». Plus tard, précisément le 8 août 1786, l'épopée de Jacques Balmat, le cristallier, et Michel Gabriel Paccard, le médecin, conquérants du Mont Blanc, va relancer l'intérêt.

Dès lors, cette montagne aux formes arrondies allait devenir le centre d'intérêt de voyageurs.

Voyageurs et non pas alpinistes, car partir pour le Mont Blanc au dix-neuvième siècle ressemblera à une aventure aussi épique que traverser la Chine ou les Indes.

Mais ces voyageurs sortiront vite des arcanes et des pas imposés par ce monarque. Dès 1850, les hommes enivrés par ces pics postés aux quatre coins de l'horizon vont remonter vers ces azimuts. En l'espace de 30 ans, toutes les montagnes connaîtront leur pygmalion.

C'est Whymper, jeune homme passionné qui décroche la Verte, le versant Sud des Grandes Jorasses, le Dolent, L'Aiguille d'Argentière, Mummery parcourant les sentiers parfaitement verticaux du Grépon, Eccles se perdant dans le grand versant Sud du Mont Blanc, Charlet devenu Straton cherchant seul une piste dans le petit Dru. L'exploit, la notion de compétition du vingtième siècle auraient pu modifier les données et finalement changer le regard que nous portons sur ces sommets. Mais il n'en fut rien, la magie ne céda pas sa place à la performance

Le vingtième siècle allait aussi s'ouvrir sur un bouleversement des rêves et des aspirations. La belle union composée d'un client qui conçoit, décide, et d'un guide anonyme qui accomplit va disparaître.

Désormais les guides vont peu à peu s'imposer et devenir les inspirateurs.

C'est Armand Charlet s'attachant pour la vie à la Verte, Guido Gervassuti ouvrant des piliers, Lionel Terray et Louis Lachenal marchant à corde tendue, Walter Bonatti retrouvant ses doutes dans le pilier Ouest des Drus, René Desmaison secouant les remparts de l'hiver dans les Grandes Jorasses, Patrick Gabarrou dénichant des directissimes au Pilier d'Angle, Christophe Profit enchaînant les sommets dans une cadence époustouflante.

Mais les autres, les « sans-guide », ne demeurent pas en reste. De Lagarde parti dans un couloir des Droites à Pierre Allain inspiré par la Face Nord des Drus, ou à Gary Hemming arpentant la face Sud du Fou, les hommes ne manquent pas d'inspiration.

« Au Mont Blanc, écrivait Roger Frison Roche, j'étais partie prenante du soleil. Les glaces grises de la nuit bleussissaient lentement ; vers l'Est, une sombre rougeur de sang caillé silhouettait les arêtes déchiquetées des aiguilles encore noires et les détachait des ténèbres. Puis, alors que s'éteignaient une à une les étoiles et que seule subsistait l'ultime, celle qui brille en plein matin, « Stella Matutina », une langue rose se posait sur la calotte du Mont Blanc, un peu de biais… De la cime du Mont Blanc, la lumière descendait lentement vers le bas, coulant comme du miel sur les glaciers. Refoulant la nuit, elle prenait possession de la terre. »
Roger Frison Roche, Le Versant du Soleil, Ed. Flammarion.

Cette sensation est, et sera toujours intacte. Le Mont Blanc reste un continent d'où émergent quelques archipels, des traces à fleur de neige, des cathédrales insoupçonnées, des horizons en miniature; il est consacré à tous les voyageurs. les rêveurs, les errants, les contemplatifs, les alpinistes.

Entrez alors par ces chemins géométriques qui serpentent en balcon, continuez par les glaciers et leurs labyrinthes et rattrapez la piste de ces braconniers de l'Infini, ainsi que se définissent ces photographes des horizons gagnés.

Loin du cliquetis des mousquetons, des crampons qui percutent la glace, nous vous conduirons vers un Mont Blanc inspiré par le Grand Nord, drapé au Sud dans ses mystères ou converti à l'émotion en son coeur, à moins que vous ne préfériez rejoindre l'Est dans ses combes sauvages et dorées, ou tutoyer ces Aiguilles de Chamonix dédiées à la verticale.

Il y a mille et une façons de décliner le Mont Blanc, mais quelle que soit l'alchimie, il finit par envoûter ceux qui la pratiquent.

Et vous verrez, en tournant ces pages, cette magie continue à opérer…

Letter to the traveller

Might Mont Blanc be a 'universal' mountain, a symbol of the Alps as a whole? The focal point of a modern-day battle for the environment, with its glaciers that seem to be receding before our very eyes, the Mont Blanc chain is a constant reminder of our need for natural spaces, particularly in the heart of Europe. Man has always needed Mont Blanc and we cannot divorce the mountain from man's vision of it. Its story is timeless. Its official history dates back to 1741. Chamonix and its 'glacières' were made fashionable by an account written by William Windham and Richard Pococke who transformed the humble site known as the Montenvers into a 'Sea of Ice' ('Mer de Glace'). Interest in Mont Blanc was rekindled a few years later, on 8th August 1786 to be precise, by the epic journey to the mountain's summit by Jacques Balmat, a crystal hunter, and Michel Gabriel Paccard, a doctor.

From that moment, the mountain with its domed summit became the central point of interest for travellers. And they were travellers not alpinists, for climbing Mont Blanc in the nineteenth century was as epic an adventure as crossing China or the Indies.

Yet these travellers would soon escape the mysteries and thrall of the peak's regal hold. From 1850 onwards, men exhilarated by the peaks they saw positioned along the horizon would set out to climb all of them. In the space of 30 years, the mountains were all to be claimed.

It was the young enthusiast Whymper who bagged the Verte, the south face of the Grandes Jorasses, the Dolent and the Aiguille d'Argentière. Mummery climbed the perfect vertical lines on the Grépon, and Eccles was lost on the south face of Mont Blanc. Charlet added Straton to his name and searched alone for a route on the Petit Dru. Achievement and the 20th century notion of competition might have changed things and how we regarded the mountains. Yet this did not happen and the magic did not give way to performance. The 20th century opened with a shake-up of these dreams and aspirations. The union of the client, who made the choices and decisions, and the anonymous guide, whose job it was to make things happen, was to disappear.

Little by little the guides started to assert themselves, as instigators and not just followers. Armand Charlet devoted his career to the Verte, Lionel Terray and Louis Lachenal made a legendary climbing partnership, Walter Bonatti faced his fears on the west pillar of the Drus, René Desmaison fought off the winter elements on the Grandes Jorasses, Patrick Gabarrou looked for new direct routes on the Eckpfeiler, and Christophe Profit linked climbs at an amazing pace.

And the others, the 'sans guides' (unguided parties), weren't to be outdone. Lagarde headed for a couloir on the Droites, Pierre Allain was drawn to the north face of the Drus and Gary Hemming explored the south face of the Fou; men have never lacked inspiration.

"On Mont Blanc, wrote Roger Frison Roche, I was party to the sun's display. The grey ice of the night was slowly turning blue. Towards the east the jagged ridge of the Aiguilles, still in shadow, stood out from the gloom, silhouetted against a dark blood-red flush. Then as the stars faded out one by one, all except the last one the 'stella matutina' shining long into the morning, a gently sloping strip of pink spread across Mont Blanc's snowy cap… The light was slowly descending from the crest of Mont Blanc, pouring like honey down the glaciers. Forcing back the night, it was regaining possession of the earth."

Roger Frison Roche, *Le Versant du Soleil*, published by Flammarion.

This feeling is and will always remain undiminished. Mont Blanc is a continent from which emerge islands, tracks in the snow, hitherto unseen cathedrals, horizons in miniature; it is a shrine for travellers, dreamers, wanderers, thinkers and mountaineers.

Join the geometric trails zigzagging along balconies, continue through the glaciers and their mazes and catch up with these poachers of the Infinite, as the photographers of these hidden horizons call themselves.

This book takes you away from the clinking of carabiners, of crampons hitting ice, to a Mont Blanc inspired by the 'Great North', its south flank draped in mystery, its centre a confusion of emotion. Unless you would prefer to explore the wild golden valleys of its eastern side or get close to the vertical world of the Chamonix Aiguilles… ?

There are a thousand and one ways to approach Mont Blanc and whatever the alchemy, those who become involved always end up bewitched.

And, leafing through these pages, you will see that the magic still casts its spell…

À presque 7000 m, le massif du Mont-Blanc s'en vient épouser l'horizon et suivre la courbure de la Terre. Placée au cœur des Alpes, cette simple barrière de cimes et de glaciers, coincée entre Chamonix et Courmayeur, entre France, Suisse et Italie devient alors le symbole des belles montagnes et des beaux projets…

Seen from nearly 7000m, the Mont Blanc Massif seems to hug the horizon and follow the curvature of the Earth. Set in the heart of the Alps, this simple barrier of mountains and glaciers jammed in between Chamonix and Courmayeur, between France, Switzerland and Italy has come to symbolise the beauty of the mountains and the anticipation of great plans to come…

Vue générale des Aiguilles de Chamonix, versant Nord.
General view of the Aiguilles de Chamonix, north side.

Aiguilles de Chamonix

Chamonix Aiguilles

Aiguille du Midi (3842 m)

Aiguille du Plan (3673 m)

Aiguille du Peigne (3192 m)

Aiguille des Pelerins (3318 m)

Dent du Requin (3422 m)

Dent du Crocodile (3640 m)

Dent du Caïman (3552 m)

Aiguille du Fou (3501 m)

Aiguille de Blaitière (3522 m)

Aiguille du Grepon (3482 m)

Aiguille des Grands Charmoz (3445 m)

Aiguille de Roc (3409 m)

Aiguille de la Republique (3305m)

Aiguille de l'M (2844 m)

Les piliers du ciel

De l'Aiguille de la République à l'Aiguille du Midi, ce ne sont pas moins de 18 sommets et quarante pointes secondaires qui flirtent avec les 3500 m. Presque soixante dagues qui défient l'azur et s'en vont aux sources de la verticale.

A perte de vue, sur l'Envers ou l'Endroit, voilà le royaume de la fantasmagorie, il suffit de lever les yeux ou de pencher le corps pour retrouver ces lames de soie et de roche où l'on marche entre la terre et le ciel. D'en bas, cela paraît déjà évident et cette barrière granitique laisse entrevoir quelques-unes de ces forteresses. Au couchant, ces tours métamorphiques, ces chapelles drapées de lumière évoquent de vieilles cathédrales gothiques égarées au coeur du vent et de l'hiver.
D'en haut, la vision est toute autre. C'est tout un inventaire à la Prévert qui se met en place. Le Caïman côtoie Les Ciseaux, Le Fou amuse Le Pèlerin, Les Deux Aigles virevoltent au-dessus de la République. Quant au Crocodile, il attend Midi pour rejoindre Le Requin. Dans ce chaos, le contemplatif ou le sportif ne savent plus où donner de la tête et l'un et l'autre ont du mal à suivre. On dit même que dans l'austérité de ces faces Nord et dans la convivialité de ces faces Sud, le sage saura dénicher quelques symboles de la montagne. L'un d'entre eux est rattaché à quelques batailles, à de superbes coups de coeur ou de gueule. Les Aiguilles semblent en tout cas le repaire des voyageurs du grand vide.
Et ce n'est pas un hasard si l'alpiniste « acrobatique » y a placé ses premières pointes. Mummery en fut le chantre. Ce grand alpiniste disait à propos du Grépon : « Le Grépon ? un pic inaccessible. La plus difficile escalade des Alpes. Une course facile pour les dames ». Il pressentait déjà toute l'éphémère valeur des exploits alpins…
Et à chaque fois quand l'aube se lève, secouant les vieilles nervures du granit, éclairant en oblique ces sursauts de pierre, la vierge du Grépon observe Chamonix encore dans l'ombre.
Elle s'emplit alors de l'air plein d'échos et qui rebondit de parois en parois, puis se replace au centre de cet apparent déséquilibre où chaque caillou tient pourtant un rôle particulier.

Pillars in the sky

From the Aiguille de la République to the Aiguille du Midi, there are no less than 18 mountains and 40 secondary peaks whose summits flirt with the 3500m mark. Nearly 60 vertical daggers of rock defiantly rising up into the azure blue.

Viewed from either side of the Aiguilles, or 'needles', their phantasmagorical kingdom stretches as far as the eye can see. A glance or a turn of the body and you catch sight of their blades of silk and rock, where you have a sense of moving between the heavens and the earth. This seems even more striking when viewed from below and through the granite barrier we are afforded glimpses of their fortresses. At sunset, these metamorphosing towers, chapels draped in light resemble ancient gothic cathedrals lost deep within wintry winds.
Seen from above, it is very different. An inventory of their names makes a somewhat curious survey:
The Caïman (Alligator) sits next to the Ciseaux (Scissors) and the Fou (Madman) entertains the Pélerin (Pilgrim) while the Deux Aigles (Two Eagles) circle above the République (Republic). And as for the Crocodile, he is waiting for Midi (Midday) to join the Requin (Shark).
Among the chaos neither the philosopher nor the athlete knows which way to turn and both struggle to keep up. It is even said that it would take an extremely wise man to unearth a few symbols of the mountains within these austere of the north faces and the warmth of their southern sides. One of these symbols is tied up with battles, with wondrous impulses and rages. In any case, the Aiguilles seem to provide refuge for travellers through the great void.
It is no coincidence that the great advocate of 'acrobatic' climbing, Mummery, first made his mark here and was its champion. The great climber referred to the Grépon when he said that mountains were doomed to pass through three stages: "An inaccessible peak - The most difficult ascent in the Alps - An easy day for a lady." He already had a sense of the ephemeral value of these Alpine achievements…
And each morning as day breaks, shaking the old veins of granite, casting oblique shafts of light over the shelves of rock, the statue of the Virgin on top of the Grépon watches over Chamonix still in shadow below.
The dawn air fills with echoes bouncing from wall to wall, finishing up in the heart of this world of apparent imbalance, where each stone has its own place.

Charmoz - Grépon pérennise l'alliance des sommets et des nuages.
The Charmoz-Grépon perpetuates the union of the peaks with the clouds.

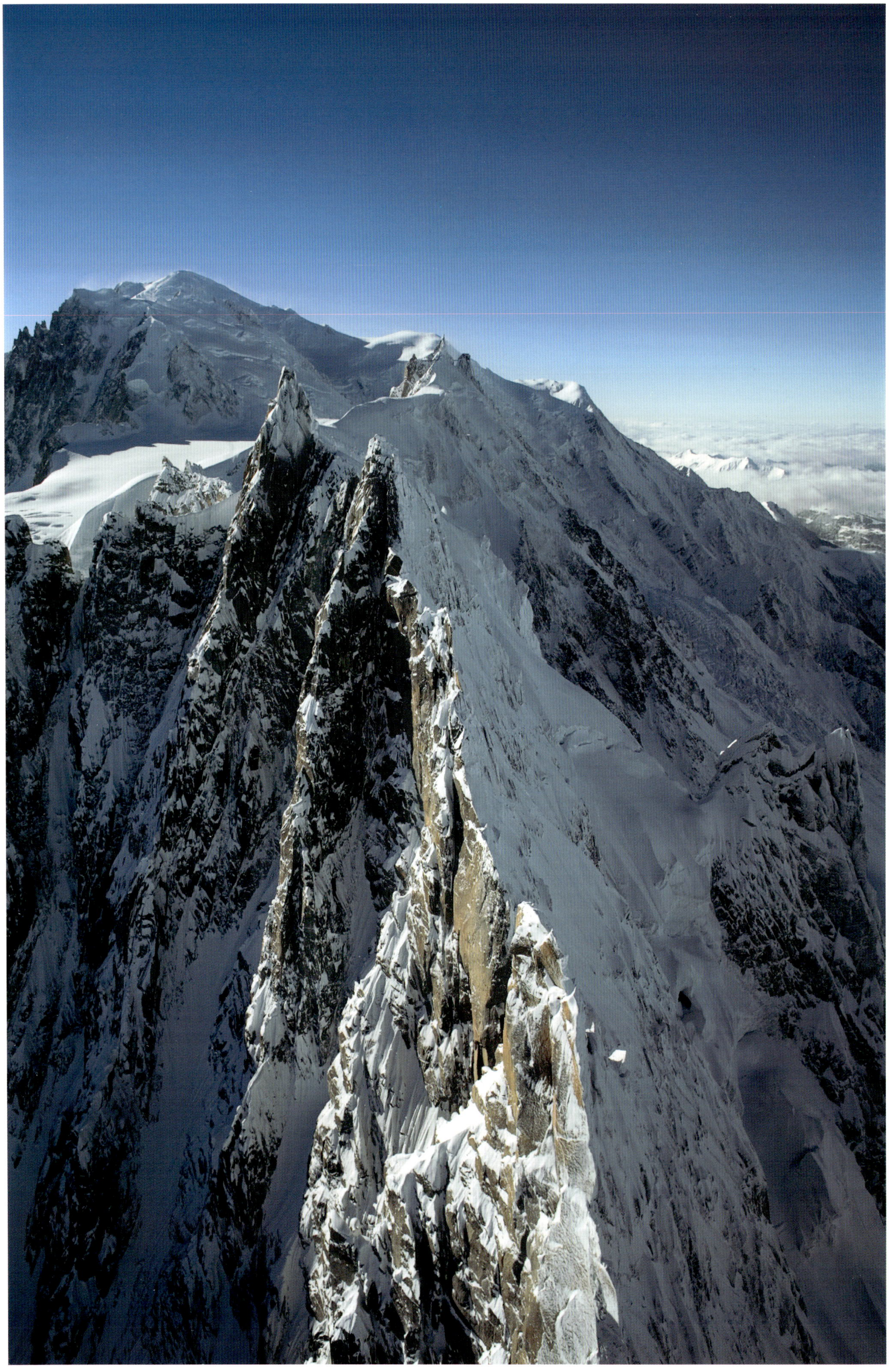

Perchés en altitude, loin des regards des hommes, tout juste visibles de Chamonix, le glacier des Nantillons et l'Aiguille de Blaitière ont conclu un drôle de pacte. Ici, la solitude est chez elle.
Nuits étoilées, jours sereins, lendemains de bourrasques, rien ne vient troubler cet ordonnancement, pas même les caravanes d'alpinistes qui passent.

Perched at high altitude, far from the glances of men and barely visible from Chamonix, the Glacier des Nantillons and the Aiguille de Blaitière have made a strange pact. This is the home of solitude with starry nights and peaceful periods the day after a storm. Nothing can change the order and rhythm of the mountains, not even the teams of visiting mountaineers.

Aiguilles du Caïman, du Crocodile, du Plan, un univers à la Edgar Poe transposé dans l'altitude.

The Aiguilles du Caïman, du Crocodile, du Plan: an Edgar Allan Poe-like world transposed to the mountains.

Se doutait-il, le comte Fernand de Bouillé, de l'avenir de l'Aiguille du Midi ? Lorsque le 5 août 1856, Alexandre Devouassoud, l'un de ses guides, planta son drapeau au sommet Sud, cet aristocrate lança cette phrase étonnante : « Voilà donc la première ascension de cette terrible Aiguille du Midi, je doute qu'il y en ait une seconde… ». Quelque 140 ans plus tard, ce sont 4000 personnes par jour qui rejoignent ce même point.

Could the Count Fernand de Bouillé have guessed the fate of the Aiguille du Midi, when on 5th August 1856 one of his guides, Alexandre Devouassoud, planted his flag on the south summit? The aristocrat uttered this memorable pronouncement: "Here, then, is the first ascent of this terrible Aiguille du Midi, I doubt there shall be a second"… More than 150 years later, 4000 people a day visit that same spot.

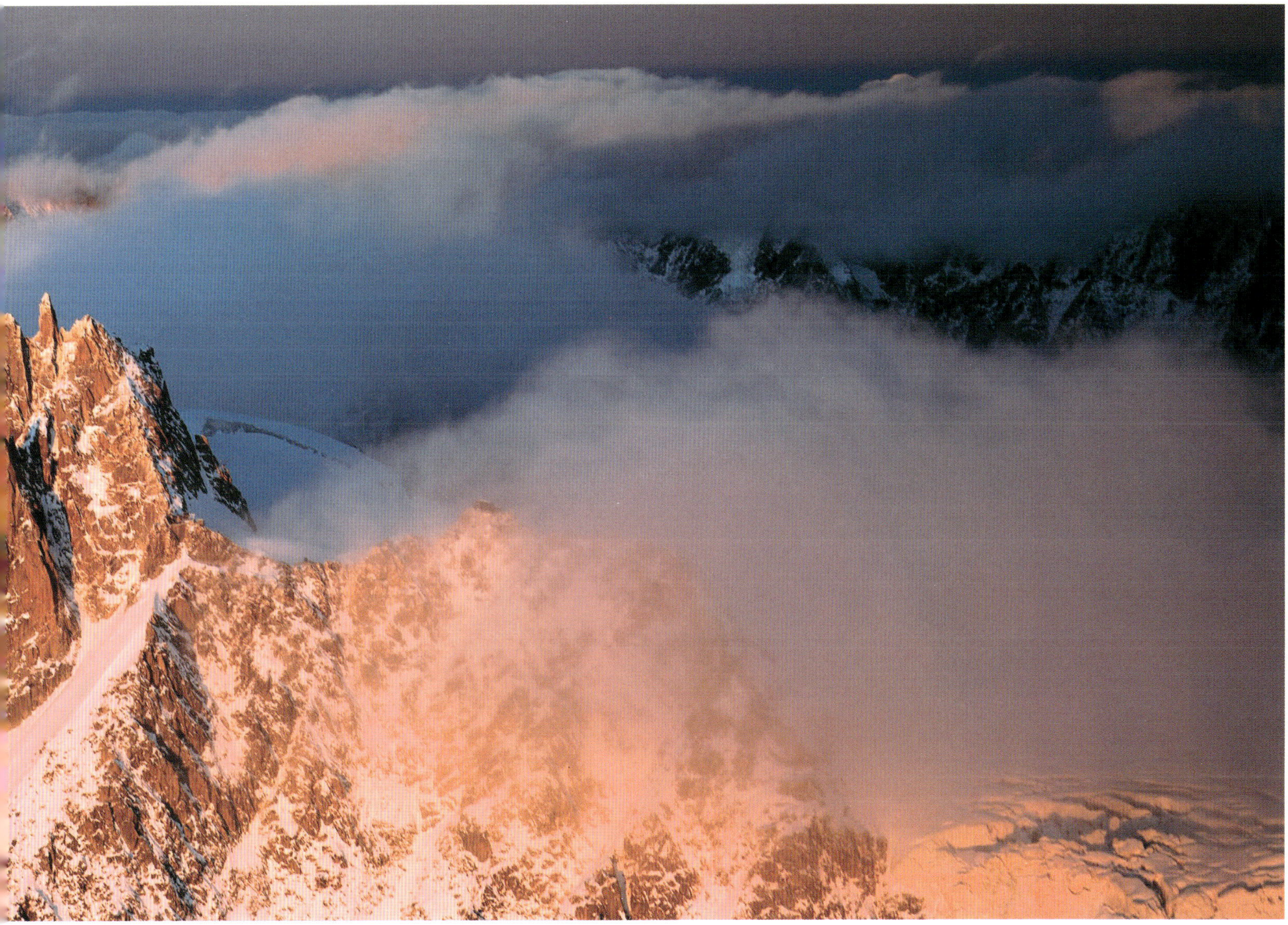

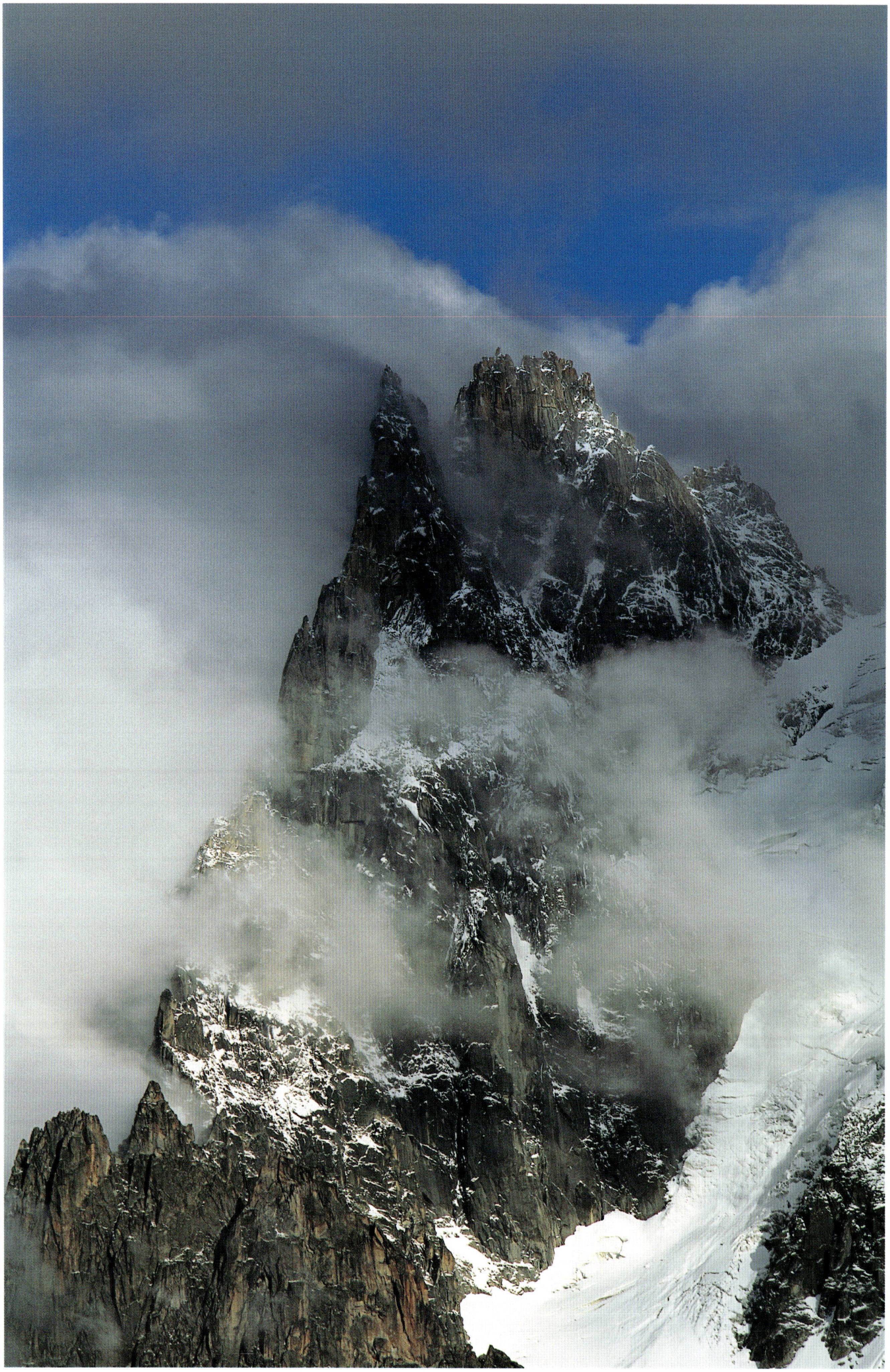

L'Aiguille de Blaitière, les Ciseaux, l'Aiguille du Peigne, comme le reste des Aiguilles, sont des baromètres. Quand la neige accroche les parois, les hommes d'en bas le savent, la montagne n'est plus en condition.

As with the other Aiguilles, the Blaitière, Ciseaux and Peigne are barometers of mountain conditions. When the snow sticks to the walls of rock, the inhabitants of the valley below know the mountain is not ready for them.

Guido Rey disait à propos du Grépon : « C'est une vision telle que tout ce qu'on a vu ou entendu auparavant semble petit ou vain. C'est un Pic rêvé dans une nuit de délire. Comment Mummery a-t-il pu concevoir une entreprise aussi insensée ? ». Rien depuis n'a réellement changé et ce sommet du Grépon, coincé entre vallée et Grandes Jorasses, reste un enchantement.

Guido Rey said of the Grépon: "It is such a vision that everything we have seen or heard before appears small and futile. It is a peak dreamed up in a night of delirium. How did Mummery conceive of such an extravagant project?" Nothing much has changed since then and the summit of the Grépon, wedged between the valley and the Grandes Jorasses, retains its enchantment.

Aiguilles de Chamonix après une tempête d'ouest, un phare dans l'altitude.

The Aiguilles de Chamonix, like some mountain lighthouse, after weathering a storm from the west.

Aiguille de la République, sans doute un des plus beaux defis au vide pour une course classique qui réserve bien des surprises et réussie la première fois avec une corde jetée et accrochée au sommet grâce à une arbalète…

The Aiguille de la République is without doubt one of the greatest 'airy' challenges of the classic routes. It still holds some surprises and was first climbed with the aid of a rope shot up to the summit by crossbow…

21

Vues du ciel, Blaitière, les Ciseaux et l'Aiguille du Fou ont l'air moins perdues dans le cirque des montagnes, par delà les nuages, elles entretiennent une conversation avec les hautes cimes, les Grandes Jorasses et la Dent du Géant.

Seen from above, the Blaitière, Ciseaux and Fou appear less lost in the cirque of mountains. Pointing through the clouds, they appear in conversation with the higher summits of the Grandes Jorasses and the Dent du Géant.

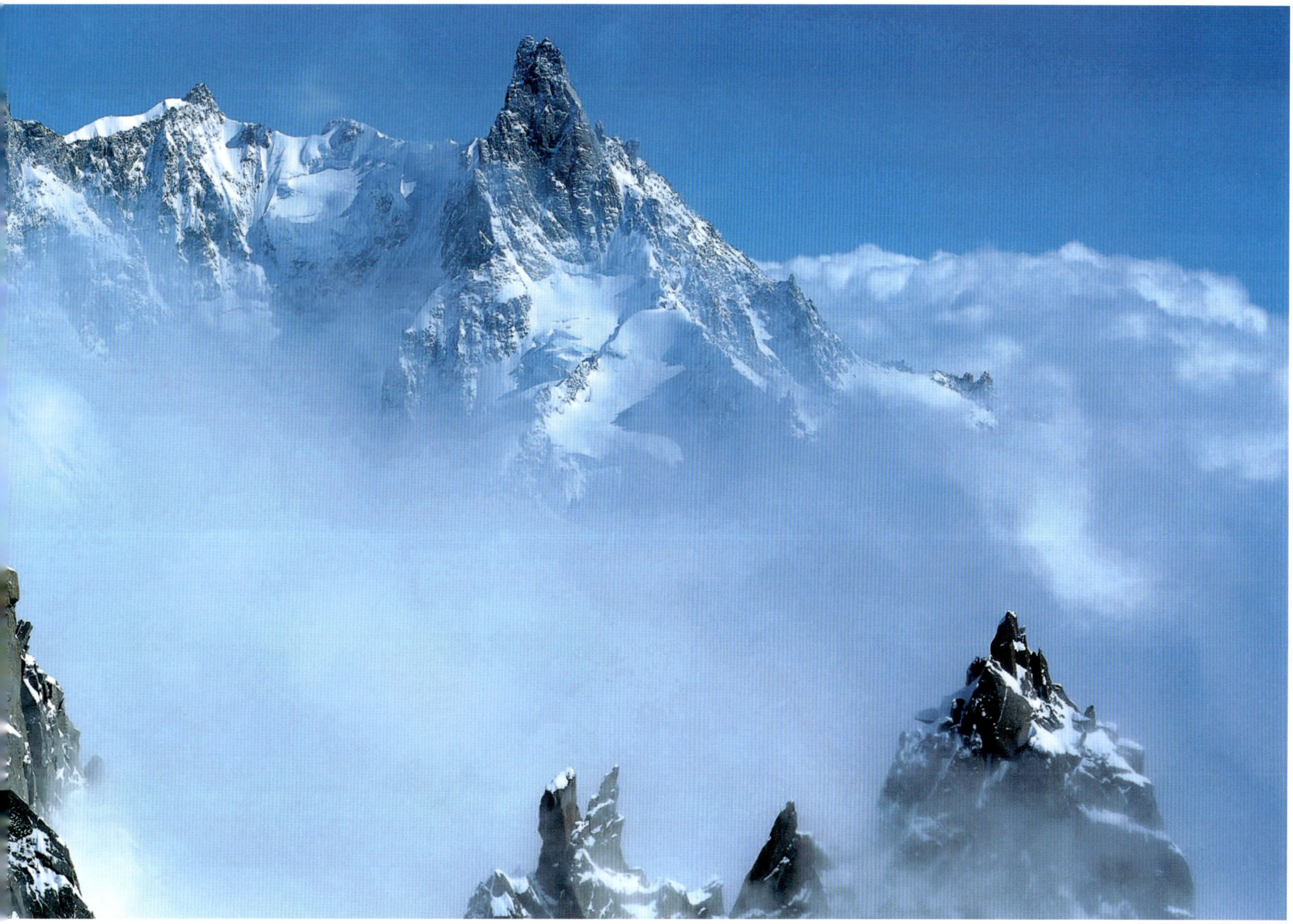

« Souvent le premier pas dans le monde de la haute montagne est déterminant. La traversée de l'arête des Cosmiques, c'est la porte de ce jardin d'altitude d'où on sait déjà qu'on ne revient pas indemne. Lumières, granit, corniches tous les éléments sont là pour franchir ce pas merveilleux… »
Kim Bodin, Compagnie des guides de Chamonix

"The first step into the world of the high mountains is often crucial. The traverse of the Arête des Cosmiques is the gateway to this high-altitude garden, from where we know we can never return untouched by it all. Light, granite, cornices: all the elements are there as we take this stunning first step…"
Kim Bodin, Chamonix Compagnie des Guides

En enfilade depuis Blaitière, les aiguilles de Chamonix, surtout après le mauvais temps sortent de leurs léthargies ; Elles retrouvent leurs superbes, une fois la tempête passée.

Starting with the Blaitière, the Chamonix Aiguilles rise up one after another out of their lethargy brought on bad weather, to recover their pride once the storm has passed.

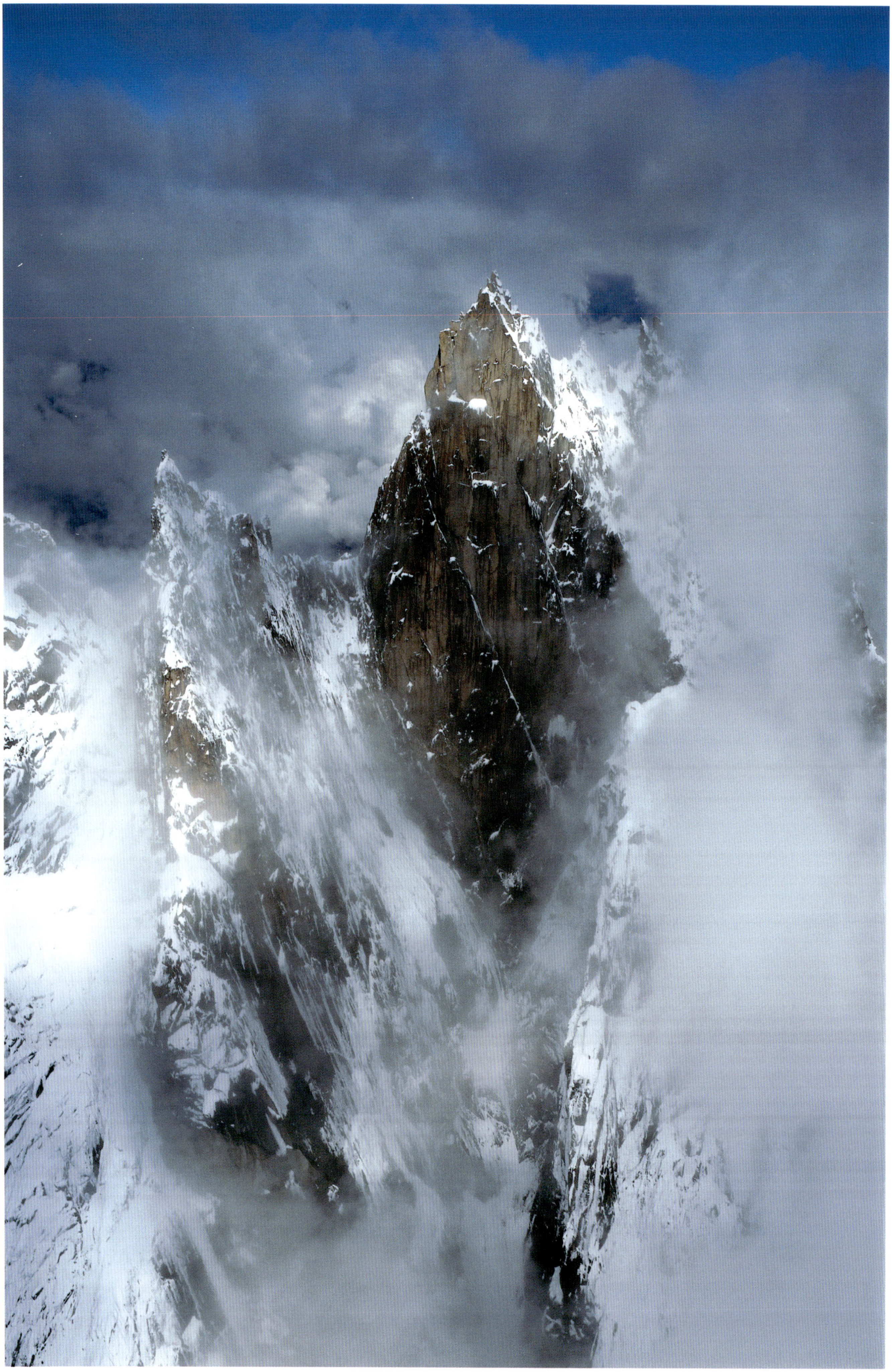

Après la tempête, les montagnes ont toujours des allures fantasmagoriques, pourtant il suffira d'un rayon de soleil et tout changera…

The mountains always take on a phantasmagorical air after a storm, yet it only takes a single ray of sunlight for everything to change…

Face sud du Fou, la montagne du mystère. Le souvenir d'une comète de l'alpinisme, Gary Hemming passé là pour offrir au rocher sa plus belle jeunesse…

The south face of the Fou, a mountain of mystery. The memory of the mountaineer Gary Hemming, a shooting star, who offered up his youth to its rocky walls…

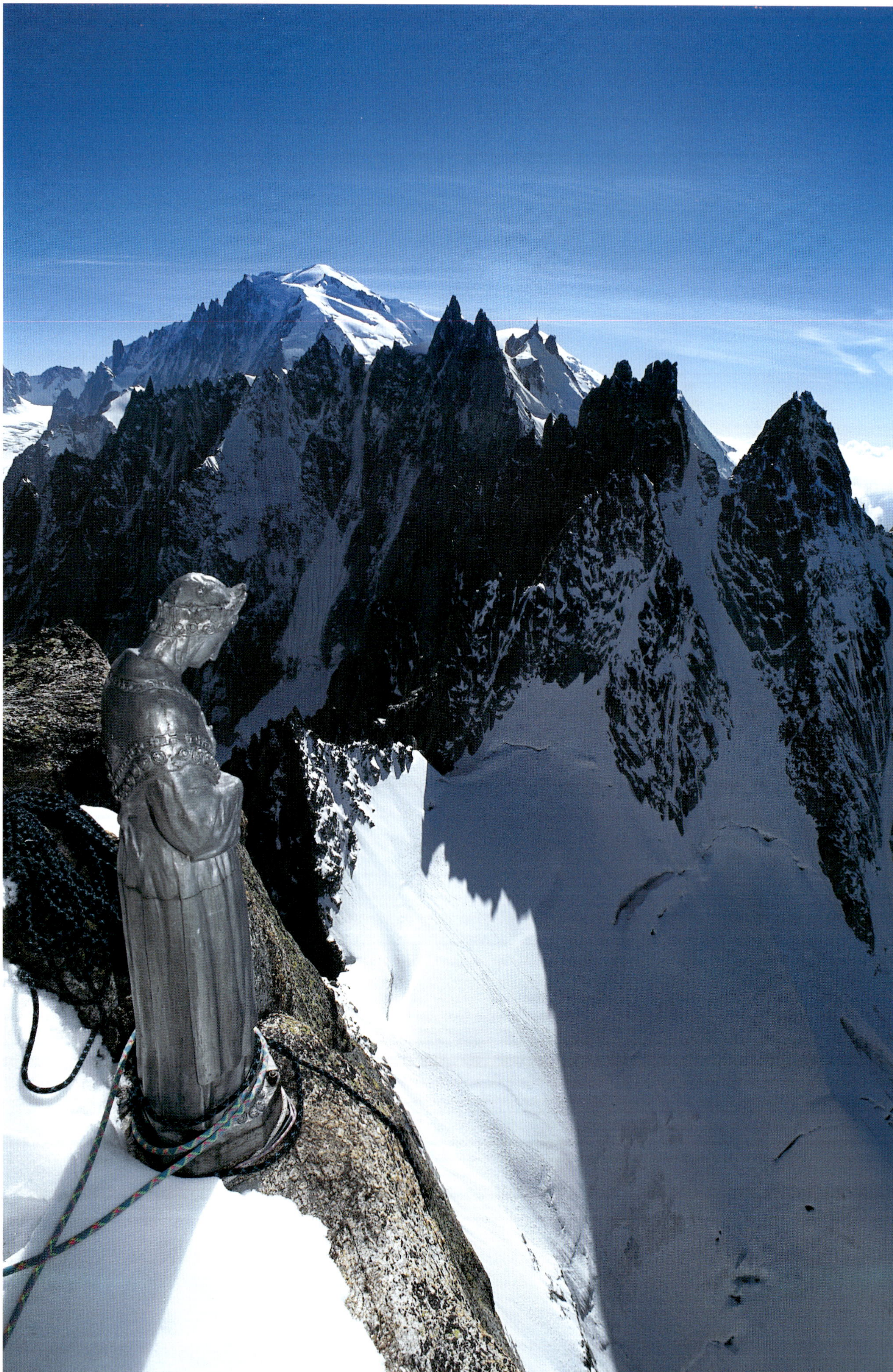

Face Nord de l'Aiguille du Plan. Des flèches de granit au Cœur de la cité des glaces.

North face of the Aiguille du Plan. Granite arrows in the heart of a city of ice.

L'arrivée au sommet du Grépon est toujours un grand moment. On sait qu'on va retrouver cette petite vierge si attachante et si apaisante. Sous ses airs de Madone, elle protège ces grimpeurs un peu fous qui jouent à longueur de temps avec la verticale.

Arriving on the summit of the Grépon is always a great moment, knowing the soothing and endearing figure of the diminutive Virgin Mary will be waiting for you. The Madonna acts as a guardian of the half crazy climbers who will forever be playing in these vertical arenas.

Envers des Aiguilles déserté cette fois par les grimpeurs.

The climbers have deserted the Envers des Aiguilles (the 'other side of the Aiguilles')…

Aiguille de Blaitière et l'Aiguille du Fou caressées par le soleil couchant encore plus beau au cœur de l'hiver.

All the more beautiful in the heart of winter, the Aiguille de Blaitière and Aiguille du Fou are caressed by the light of the setting sun.

De Blaitière à l'Aiguille du Plan, le résumé de ces piliers du ciel.

A digest of these pillars in the ski, from the Blaitière to the Aiguille du Plan.

Sur Grépon-Mer de Glace, à l'approche du sommet, l'Aiguille de Roc nous salue dans toute sa splendeur.

Approaching the summit of the Grépon from the Mer de Glace side, we are greeted by the splendour of the Aiguille de Roc.

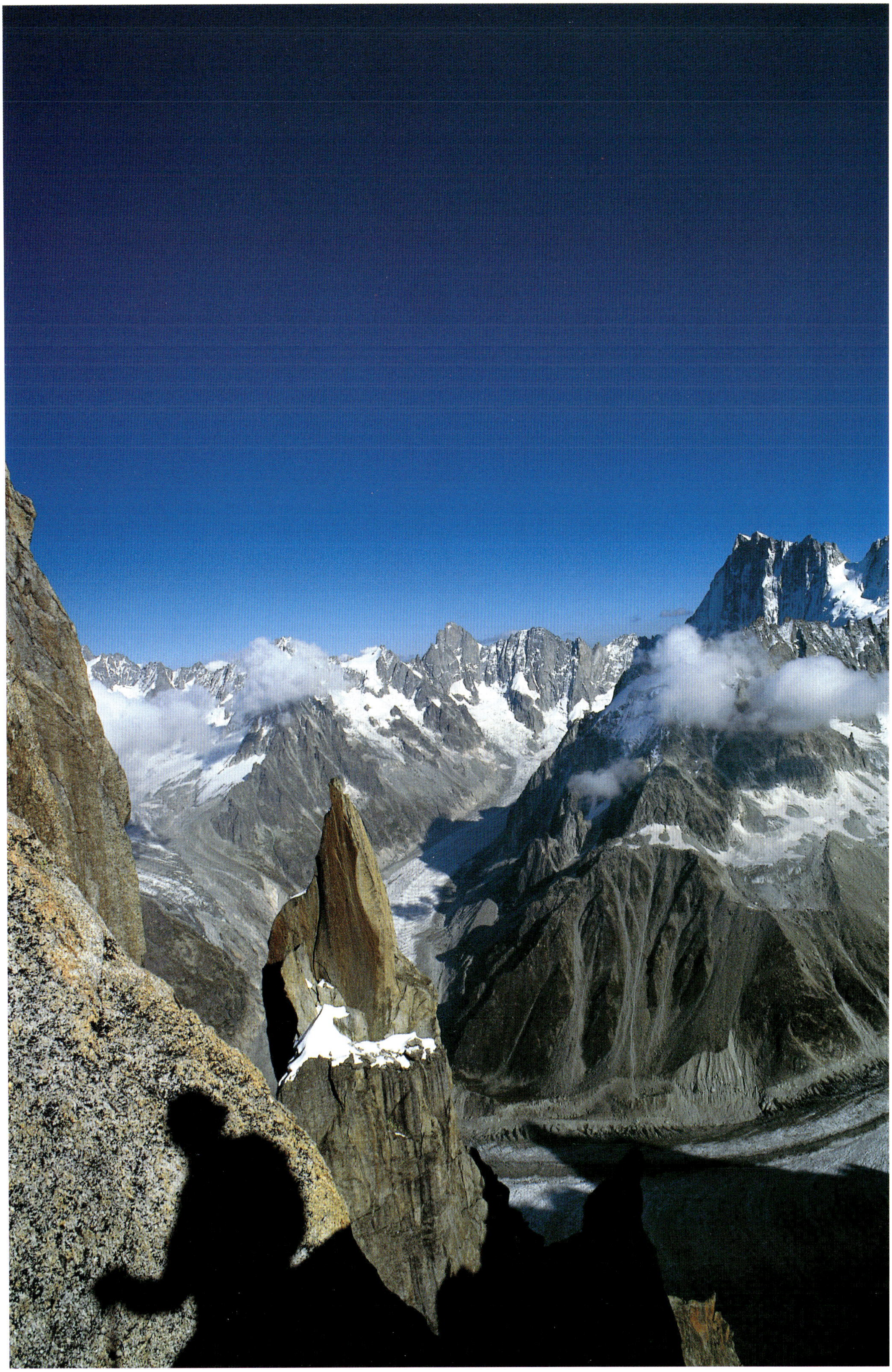

Au printemps, la neige marque encore plus les faiblesses de la montagne, dévoilant vires et passages pour les futurs alpinistes qui graviteront entre Blaitière et l'Aiguille du Plan.

In the spring, the snow is even better at highlighting the mountains' faults and weaknesses, revealing ledges and lines to future mountaineers heading for the Blaitière and Aiguille du Plan.

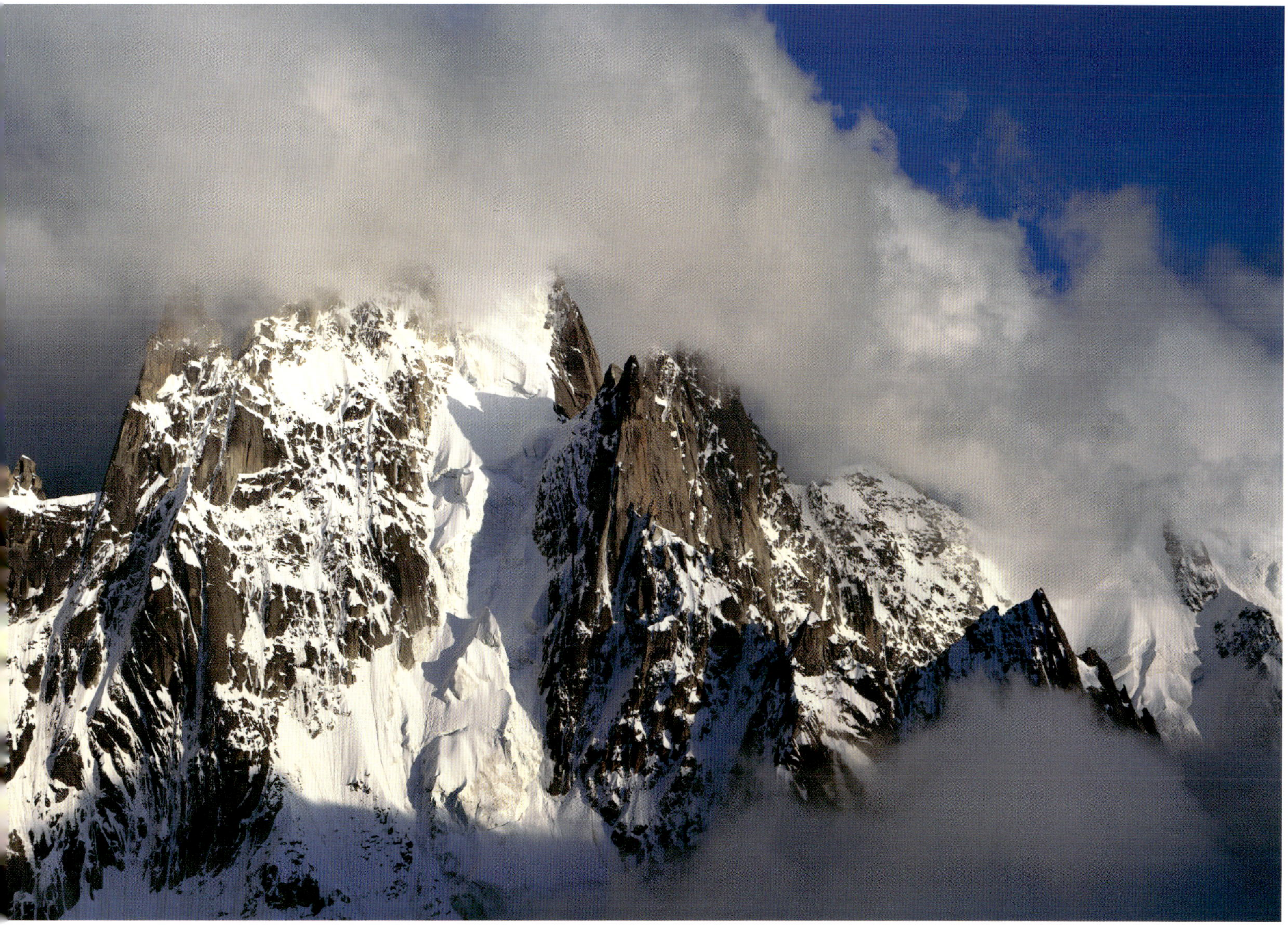

Le Mont Blanc possède l'altitude. Un peu comme un îlot au-dessus du monde. Mont Blanc vu d'Hélicoptère.
Mont Blanc rises up, like a tiny island above the world. Mont Blanc seen from helicopter.

Mont Blanc
versant Nord

Mont Blanc
north side

Mont Blanc du Tacul (4248 m)

Grand Capucin (3838 m)

Pyramide du Tacul (3468 m)

Mont Maudit (4465 m)

Col de la Brenva (4303 m)

Mont Blanc (4810 m)

Dôme du Goûter (4304 m)

Aiguille du Goûter (3863 m)

Le Seigneur de l'infini

Du haut de ses 4810 m, il a construit au fil des tempêtes, un véritable labyrinthe glaciaire. Au Nord, on n'aperçoit que ses glaciers démesurés qui viennent frôler la vallée. Austères et dangereux, c'est pourtant par ces bouts de glace qu'a commencé la curieuse alchimie qui unit l'homme à la montagne...

Ancré à ses glaciers, le Mont Blanc domine tout. Pas seulement les hommes, mais aussi les montagnes, les vallées et même l'horizon.
C'est peut-être pour cela que les premiers voyageurs cherchèrent avant tout à rejoindre cette cime. Ils espéraient ainsi découvrir un secret ou un rêve. Percer de là-haut le mystère de la courbure de la terre. Une terre dont on admettait tout juste qu'elle fusse ronde.
Aujourd'hui cette certitude scientifique n'enlève rien au charme d'un tel voyage. Glacier des Bossons, de Taconnaz, Aiguille du Goûter, Mont Maudit, et plus loin encore Aiguille de Bionnassay ou Mont Blanc du Tacul viennent épauler ce vieux patriarche. Une auguste montagne qui, un beau jour d'août 1786, a été pour la première fois gravie par Balmat et Paccard. Imaginaient-ils l'impact de leur exploit ?
S'en était fait de cette solitude glacée et tous ceux qui passeraient par ce gros dôme pourraient reprendre à leur compte cette citation de Charles Durier : « Cette vue est vraiment étrange... aussi l'imagination est-elle extraordinairement excitée. C'est le rêve, c'est le vertige de l'immensité, c'est l'infini ».
Plus de deux cents ans après cette ascension, le Mont Blanc demeure à part dans le monde de la montagne. Il est à lui seul un livre ouvert et un voyage historique sur la vieille complainte de l'homme qui cherche et, qui à force d'opiniâtreté, finit parfois par trouver. Rochers Foudroyés, Petite Bosse, Rochers Rouges, Rochers de l'Heureux Retour, Tournette, Pic Wilson, quelques traces vite recouvertes lorsque les bourrasques d'Ouest balayent la montagne.
Cela ne change rien à la magie.
Dès les premiers rayons de soleil, le Mont Blanc reprendra sa liaison curieuse avec les hommes...

The lord of the infinite

From its 4810m high summit and with the ebb and flow of storms, Mont Blanc has built a veritable maze of glaciers. From the north, all one sees are the huge glaciers that almost touch the valley floor. It is through these same austere, dangerous hunks of ice that the strange alchemy that unites men with the mountains was started.

With its glaciers anchored to its flanks, Mont Blanc dominates everything. Not just men but the mountains, valleys and even the horizon too.
Perhaps that is why the first travellers were so fixated on reaching its summit. They hoped to discover secrets or dreams up there, to unravel the mystery of the curvature of the earth. An earth we were only just starting to accept was round.
Today's scientific certainty does not in any way detract from the charm of the journey. The elderly patriarch is shored up by the Bossons and Taconnaz glaciers, the Aiguille du Goûter, Mont Maudit and, further along, by the Aiguille de Bionnassay and Mont Blanc du Tacul. This imposing peak was climbed for the first time one fine day in August 1786, by Balmat and Paccard. Could they have ever imagined the impact their achievement would have?
It brought an end to its icy solitude and those setting foot on its huge dome now might quote Charles Durier: "This view is really strange... and the imagination is extraordinarily stimulated. It is a dream, its immensity is dizzying, it is Infinity."
More than two hundred years after the first ascent, Mont Blanc remains set apart in the mountain world. It alone is an open book, a historical journey around man's old lament, a quest whose end he only occasionally finds and then only with perseverance. Through the Rochers Foudroyés ('rocks struck by lightening'), Petite Bosse ('little bump'), Rochers Rouges ('red rocks'), Rochers de l'Heureux Retour ('rocks of the happy return'), Tournette, Pic Wilson, he only leaves a few tracks that are soon covered by the westerly wind's sweep of the mountains. None of this changes the magic. At the first rays of the sun, Mont Blanc renews its curious relationship with men.

Lames de Plan Praz, face au Mont Blanc.
Lames de Plan Praz, opposite Mont Blanc.

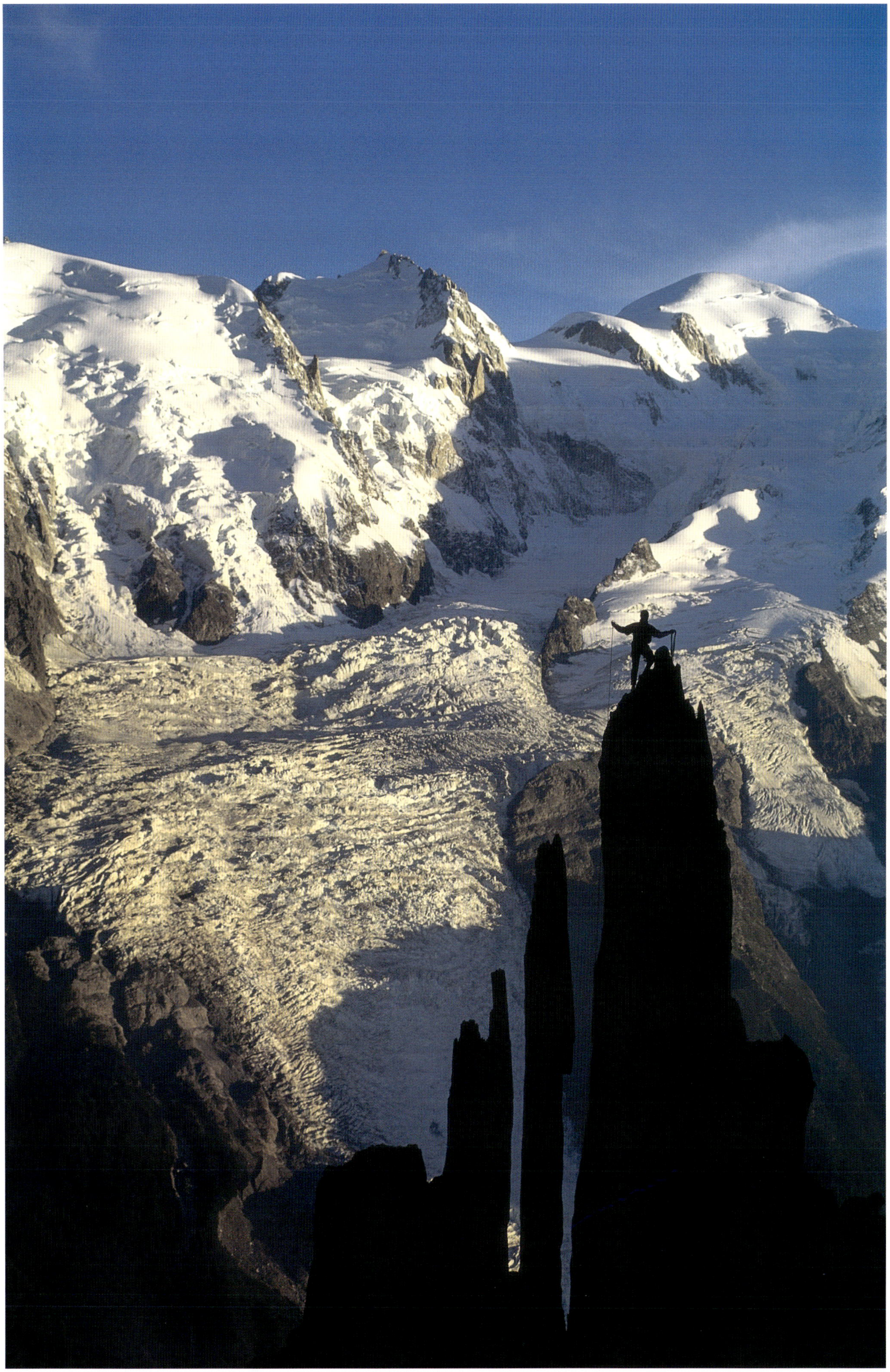

L'Aiguille du Midi déjà à part et porte d'entrée pour le versant nord du Mont Blanc et de ses grands satellites.
The Aiguille du Midi stands alone, a gateway to the north face of Mont Blanc and its satellite peaks.

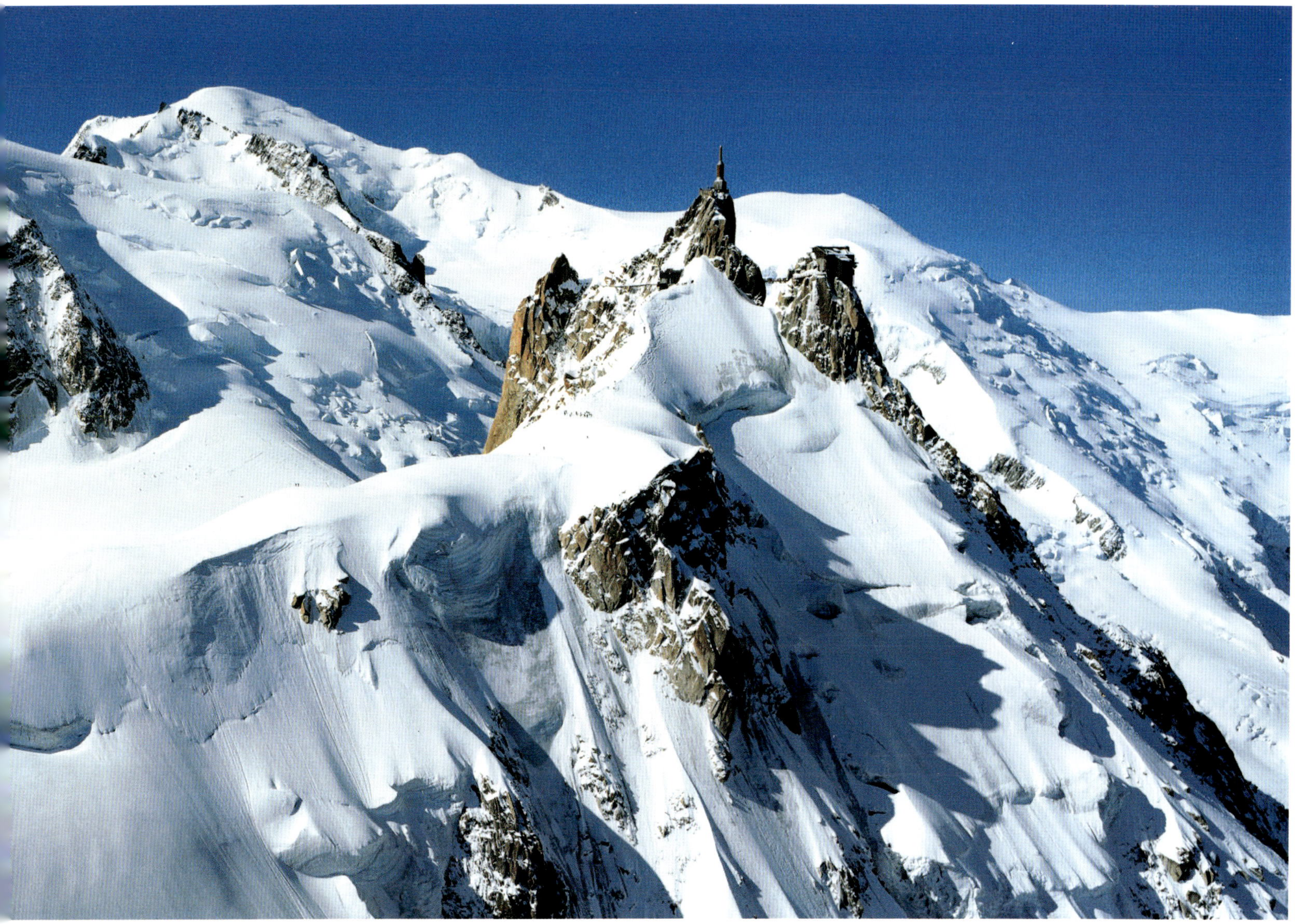

Face nord du Tacul, une face à l'apparence débonnaire mais où les séracs ont des allures de géant et redonne à l'homme sa véritable dimension.

Despite its elegant appearance, the north face of the Tacul has giant seracs giving men a different sense of scale…

Les montagnes, comme les poètes, ont leurs jours d'inspiration. Ce matin-là, la traversée du Mont Blanc avait laissé sa signature bien en vue.

Mountains, like poets, have their days of inspiration. This morning, the tracks on the traverse of Mont Blanc were clearly in view.

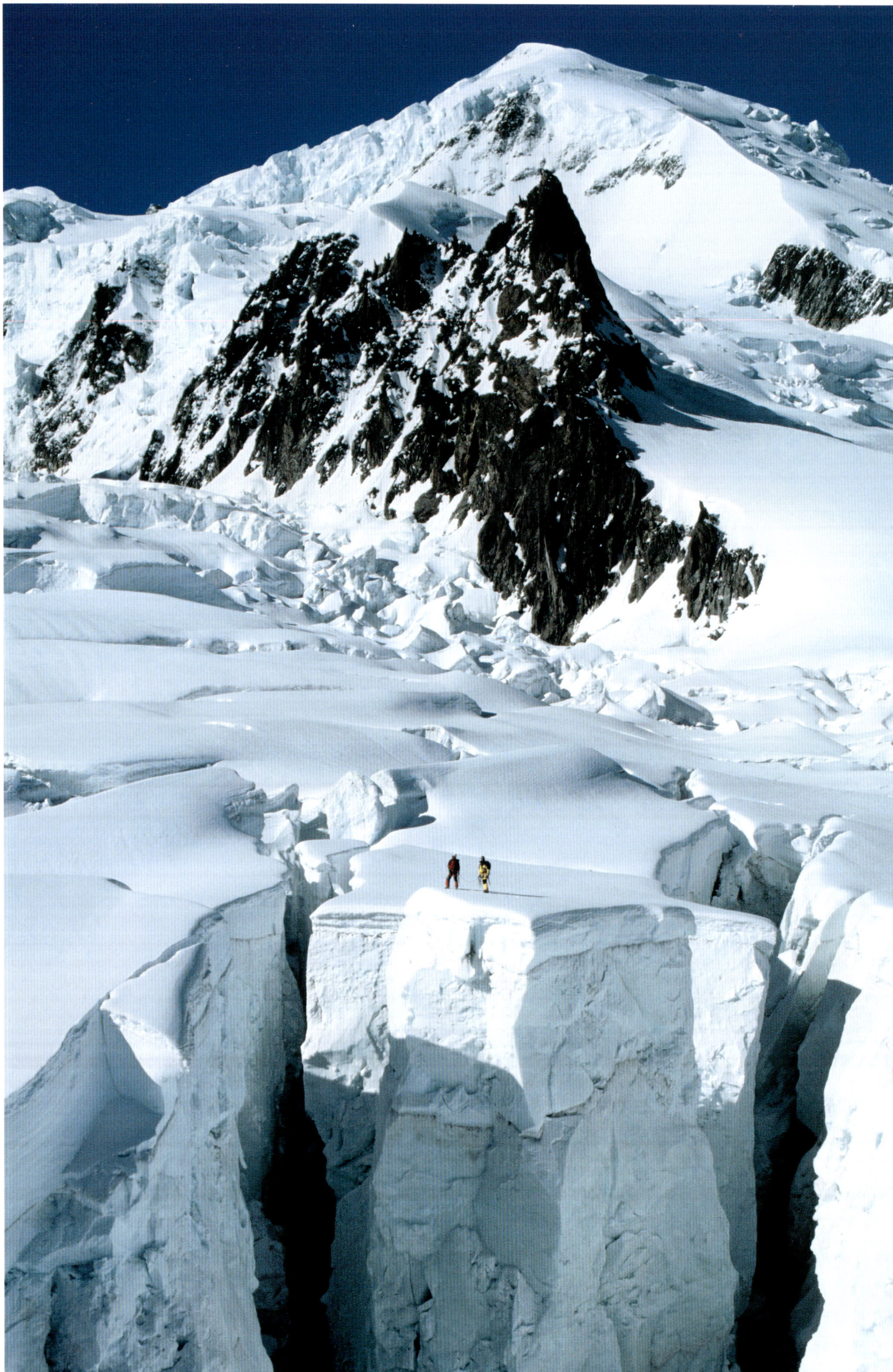

Une cordée au dessus du Grand plateau, dans ce décor fragile des séracs instables…

A team of climbers above the Grand Plateau, against a fragile backdrop of unstable seracs…

Voici le ressaut de l'ombre. C'est pourtant par là que, le 8 Août 1786, Balmat et Paccard, atteindront la félicité des 4810 m. Mont Blanc, la Jonction.

A shadow is cast. Nevertheless, Balmat and Paccard passed through here on 8th August 1786 on their way to the glorious 4810m mark. Mont Blanc, La Jonction (The Junction).

Aux portes du soir, quelque part dans la face Nord du Maudit. L'alpiniste s'imprègne du mystère du temps qui s'échappe ...
Night draws in, somewhere on the north face of the Maudit. Climbers contemplate the mystery of the passage of time.

Tous ceux qui, un jour ou l'autre, sont partis dans la traversée du Mont Blanc, ont senti à l'approche du Mont Maudit, cette étrange sensation que Mallory décrivait si bien : « Une bise fraîche et vivifiante semblait devenir plus forte, comme il foulait les longues pentes, plus douces à mesure qu'il approchait du but final. Il sentit le vent souffler autour de lui, avec une étrange harmonie. Ses pensées devenaient moins conscientes, moins continues. Il écoutait plus qu'il ne pensait ou sentait… ».

All who have attempted the traverse of Mont Blanc, have experienced, on approaching Mont Maudit, the strange sensation so well described by Mallory: "A cool and enlivening northerly wind seemed to strengthen, as he trod the long slopes becoming gradually more gentle as he approached his final objective. He felt the wind blowing around him with a strange harmony. His thoughts were becoming less conscious, less continuous. He was listening more than he was thinking or feeling…".

Au-dessus du Mont maudit, les premiers rayons du soleil dessinent des formes et des contours sur le massif et la vallée de Chamonix encore dans l'ombre.

Above Mont Maudit, the first rays of sunshine draw shapes and lines over the range and the Chamonix valley, which is still in the shade.

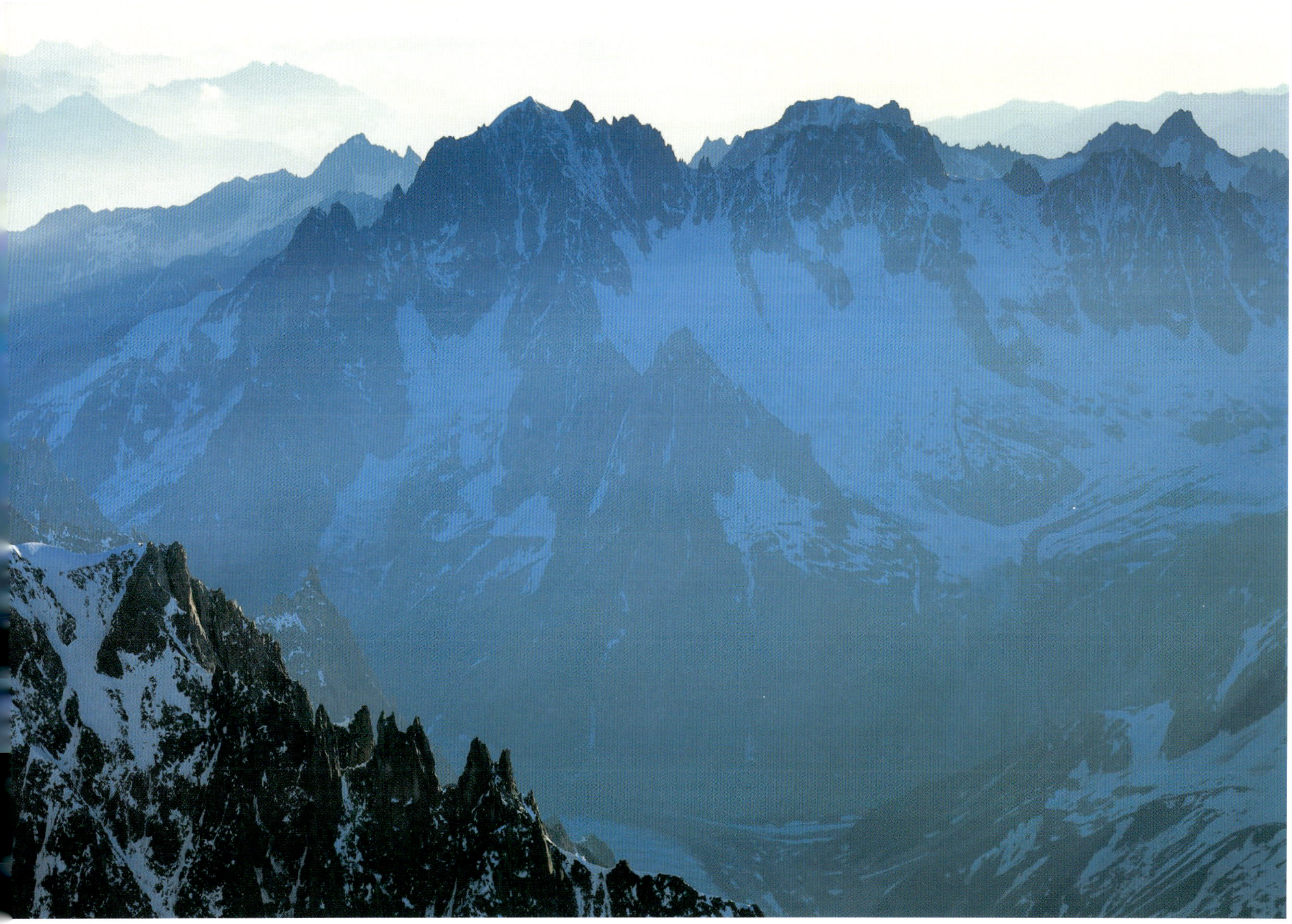

Au Pied de la Combe Maudite, le Grand Capucin jette un premier défi à tous ceux qui passent.
Hommes ou nuages, tous devront affronter les grandes verticales.

At the foot of the Combe Maudite, the Grand Capucin challenges each passer-by.
Men or clouds, all confront its mighty vertical walls.

Aube cristalline sur le versant est du Mont Blanc.

A crystal-clear dawn on the east side of Mont Blanc.

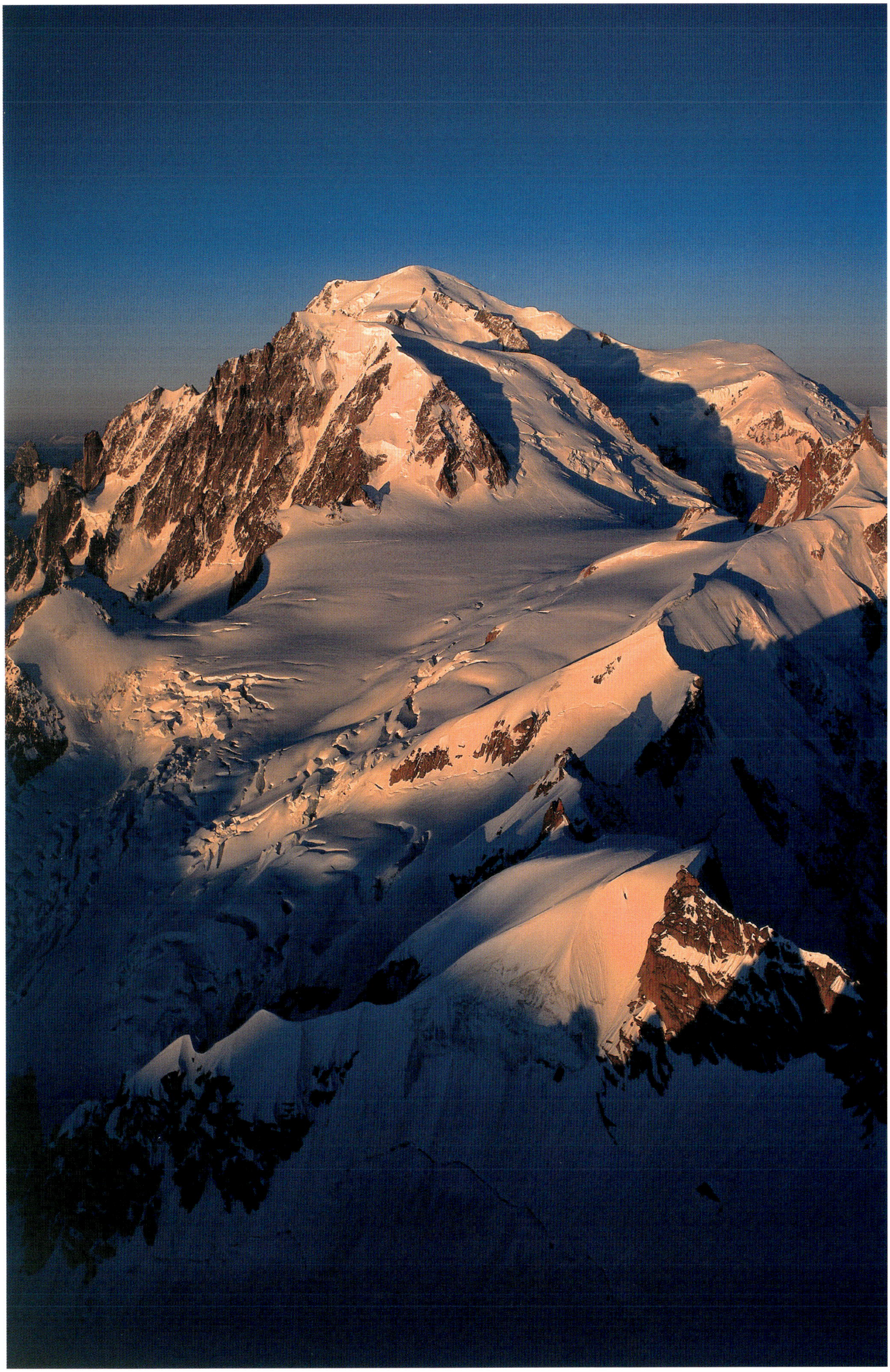

Soleil du printemps quand la lumière revient sur les grands faces nord, elle est encore plus lumineuse…
When the great north faces get the sun again, this time in the spring, it is even brighter than before…

Face nord de l'Aiguille du Midi, premier repère dans ce grand dédale d'altitude.

The north face of the Aiguille du Midi, the major landmark in this mountain maze.

Les grandes montagnes sont comme les océans, dans les lumières rasantes on y comprend mieux le sens de l'horizon (coucher de soleil sur les 3 mont Blanc).

Great mountains are like oceans, one gets a better sense of the horizon as the sun is setting or rising (sunset over the '3 Mont Blancs').

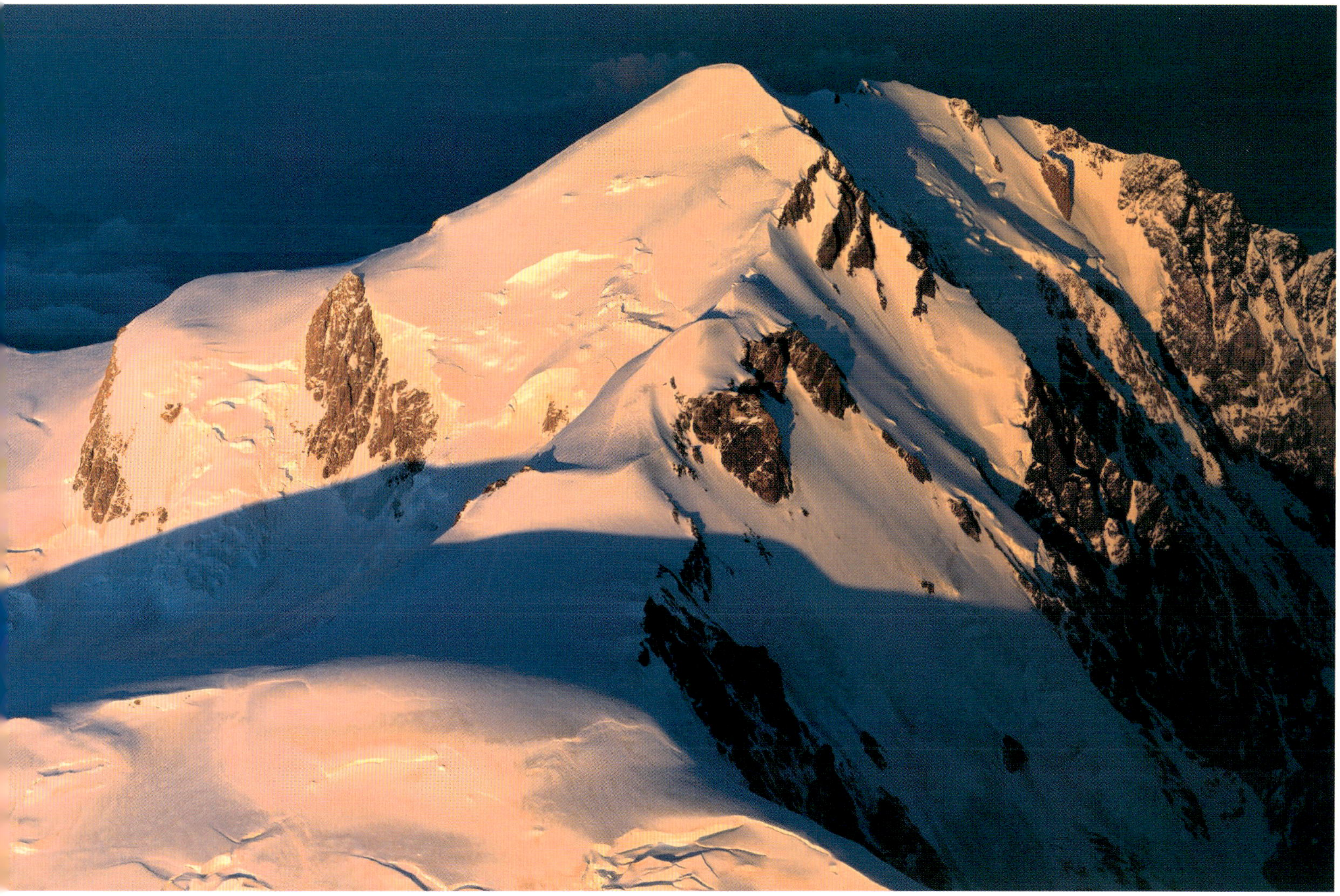

Dune d'hiver pour des nomades qui s'en vont rejoindre le sommet du Mont Blanc.

Nomads on the summit of Mont Blanc encounter a winter dune.

Sommet du Mont Blanc
Enfin, il atteint son but. Conquérant des cimes, coureur d'espace, dénicheur d'horizon, il n'a plus besoin de nom.
Le voilà qui rejoint l'immensité nichée au coeur des montagnes.

The summit of Mont Blanc
Conqueror of peaks, space traveller, discoverer of horizons, he no longer needs a name, he has finally reached his target. He joins the expanse of space in the heart of the mountains.

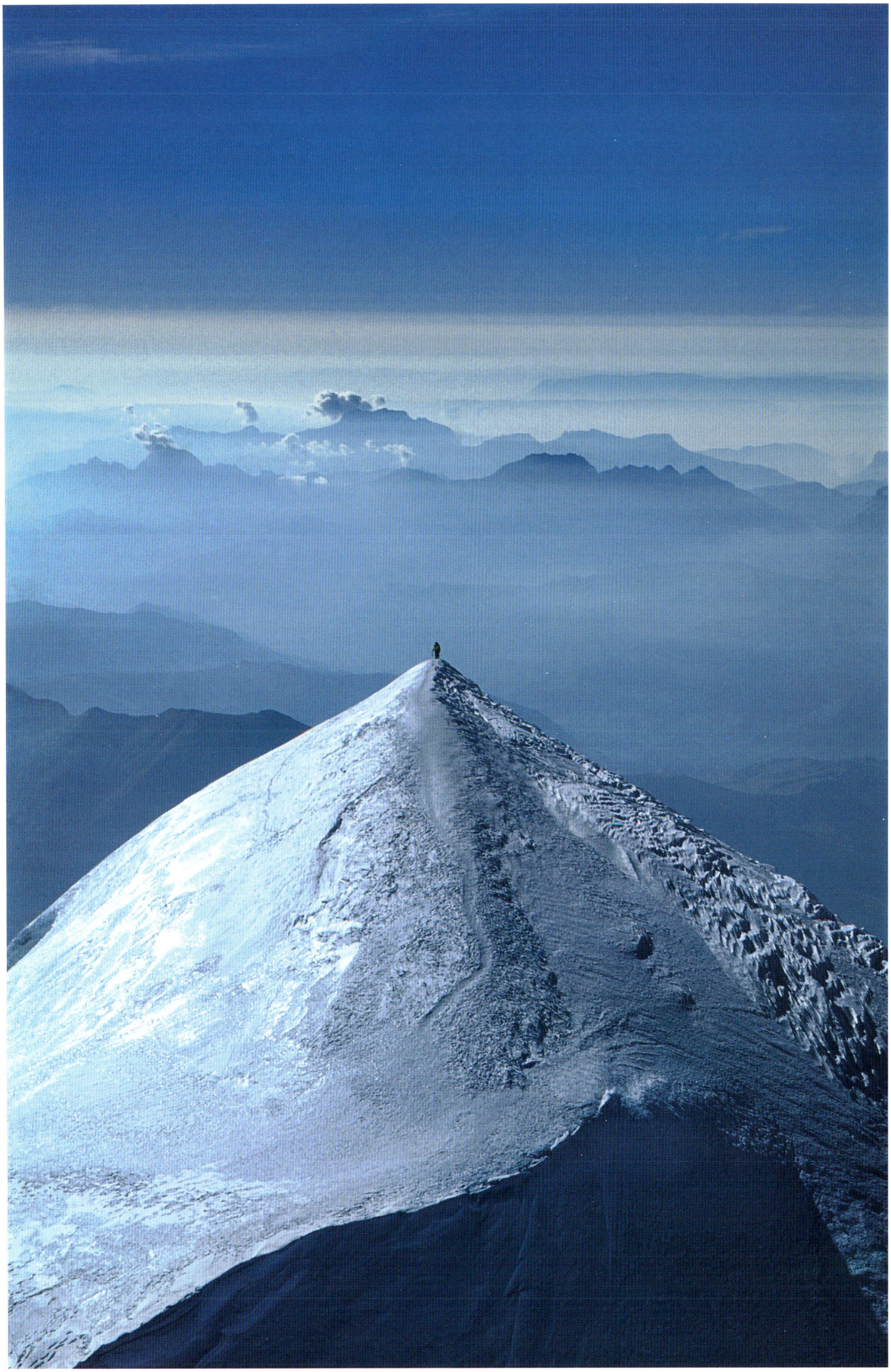

« Sur la Piste des cimes. Quand on atteint cette arête des Bosses, juste à l'aplomb de cette face Nord, je sais alors que le sommet est tout proche. Le vent a beau claquer comme un coup de fouet, le froid tanner notre peau, il ne manque juste que quelques pas pour concrétiser le vieux rêve. » Bruno Beauvais, Bureau des Guides de Saint-Gervais.

"En route for the summit. When we reach the Bosses ridge, just below the north face, I know the summit is near. The wind is blowing hard, the cold is burning our skin, but only a few more steps and we will have made an old dream come true."
Bruno Beauvais, Saint-Gervais Bureau des Guides.

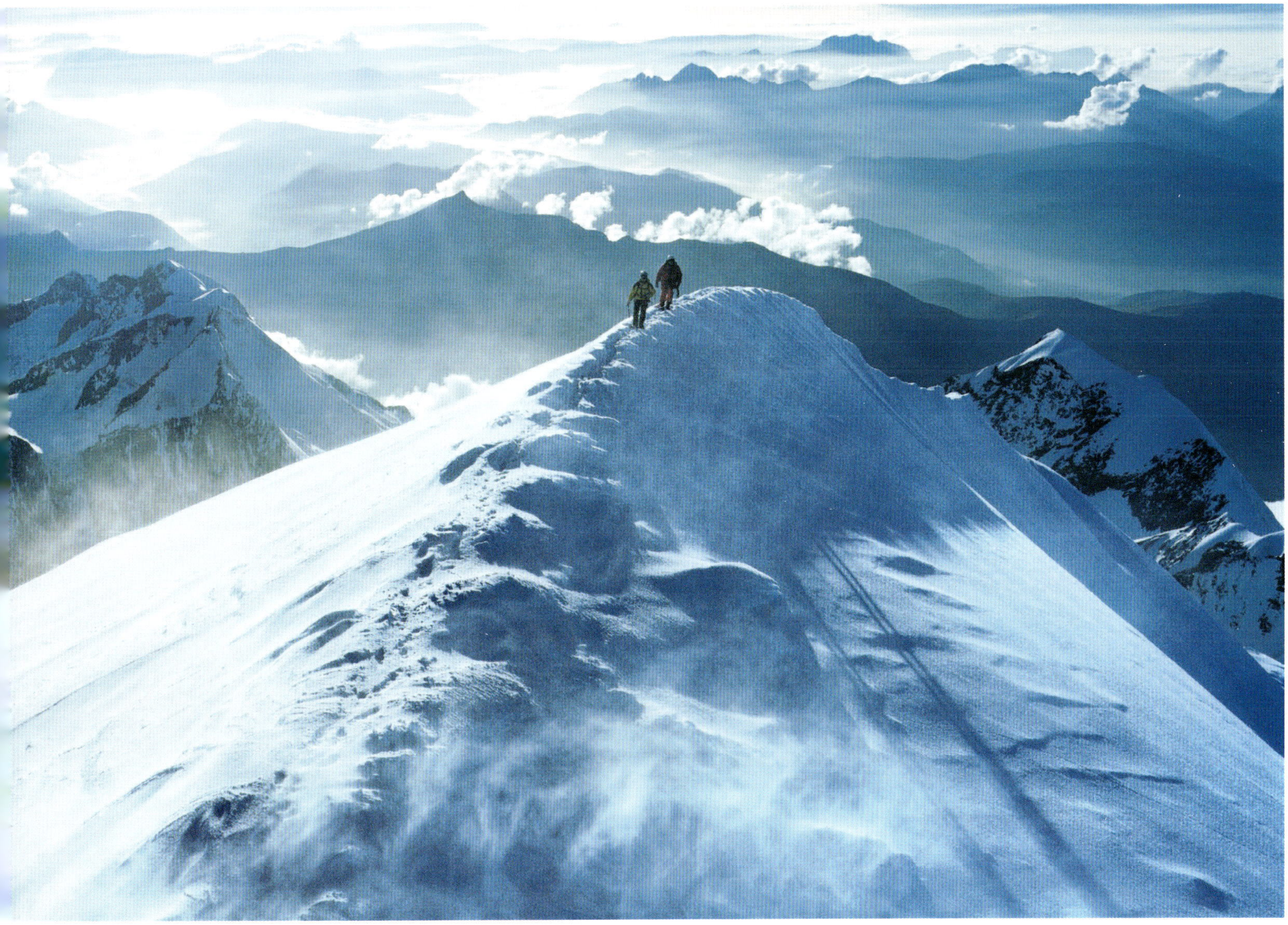

De près comme de loin, le Mont Blanc avec ses 4810m reste un seigneur et marque le territoire, entre glace et rocher.

Up close or from afar, Mont Blanc, standing at 4810m, is lord of all and guards its territory of rock and ice.

Le Mont Blanc dans toute sa hauteur avec le glacier des Bossons qui descend jusqu'à la vallée de Chamonix.

Mont Blanc stands up to its full height above the Glacier des Bossons as it descends all the way down to the floor of the Chamonix valley below.

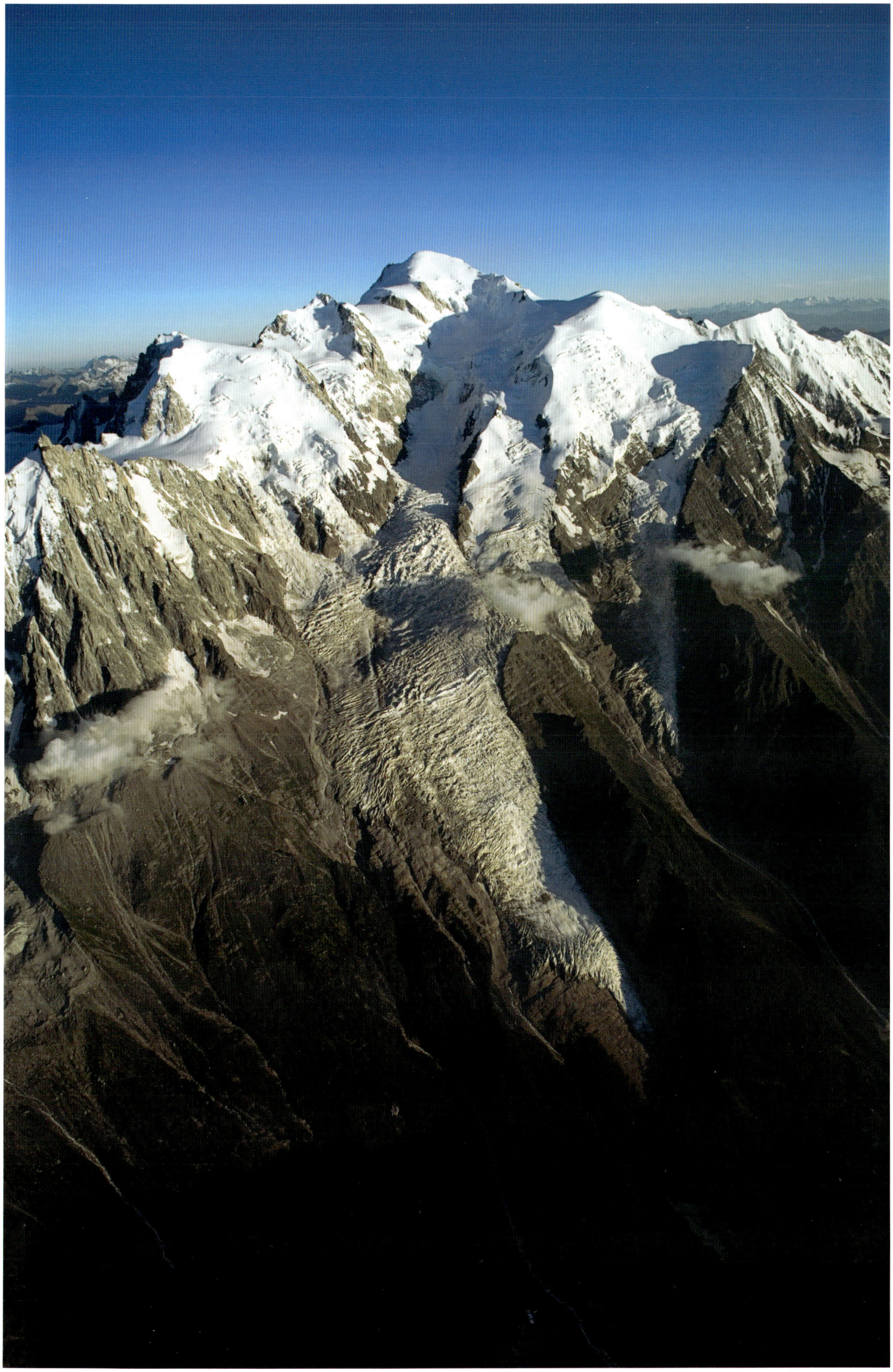

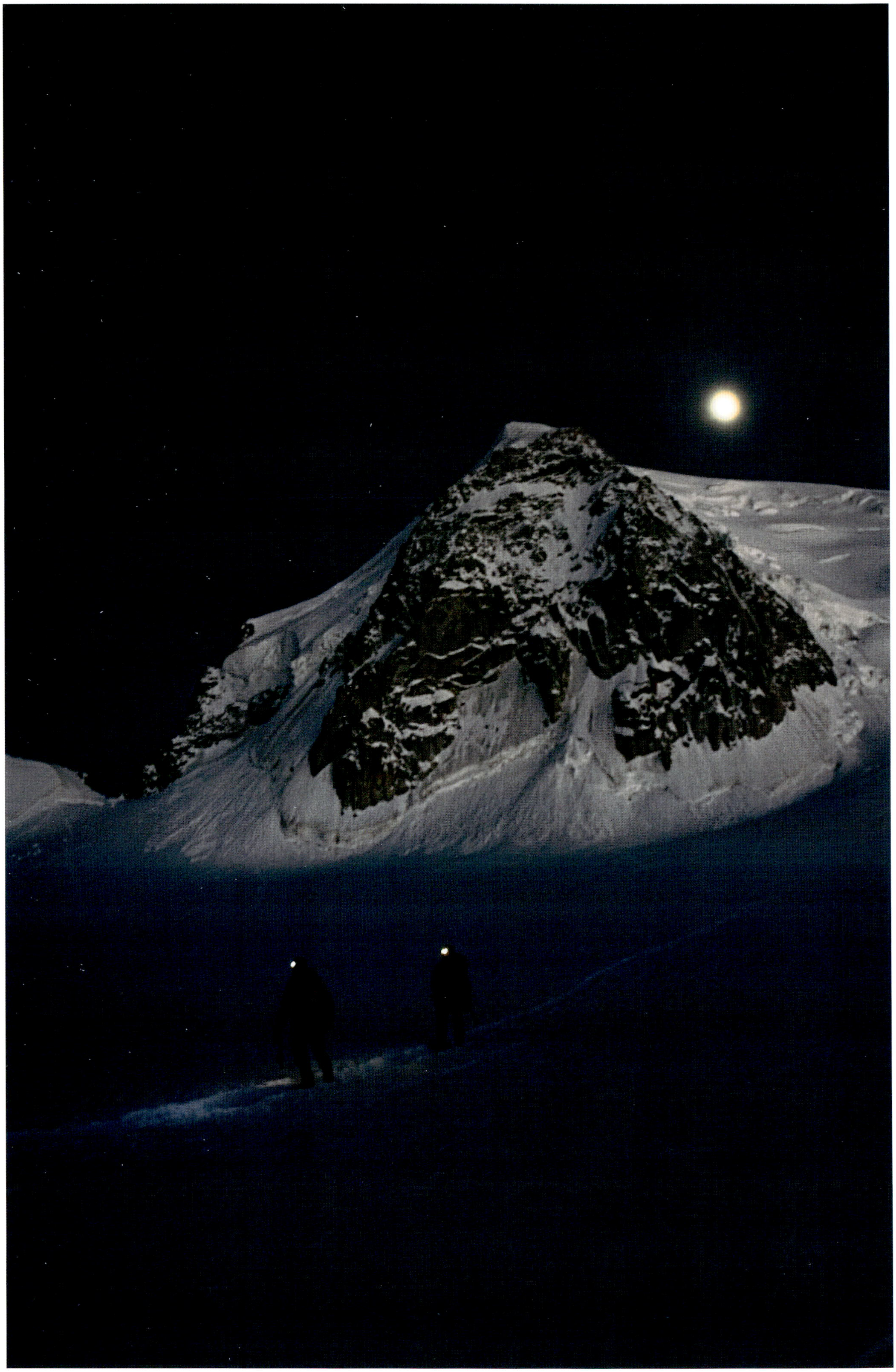

Une cordée qui reprend un sillon conduisant par la face Nord au sommet du Mont Blanc.
A roped party follows the track as it winds its way through the north face of Mont Blanc to its summit.

Retour de nuit pour une cordée venant de l'Envers du Mont Blanc, un voyage à l'échelle de l'Himalaya au cœur des Alpes.
A journey on a Himalayan scale in the heart of the Alps: a team returns from the Envers du Mont Blanc at night.

Comme un phare dans l'écume du soir. Traîner alors au sommet du Mont Blanc devient un luxe de vagabond céleste. A cette heure-là, il n'y a que le vent pour communiquer ses humeurs à un crépuscule en pleine symphonie.

Like a lighthouse in the evening surf… A moment on the summit of Mont Blanc becomes a luxurious instant in the life of a celestial wanderer, with only the wind imparting its full melancholic symphony to the dusk.

Glacier Rond, face nord de l'Aiguille du Midi, le skieur suit la course du soleil qui éclaire encore la face nord du Dôme du Gouter.

The Glacier Rond on the north face of the Aiguille du Midi, a skier follows the last of the sun's rays as they catch the north face of the Dôme du Gouter.

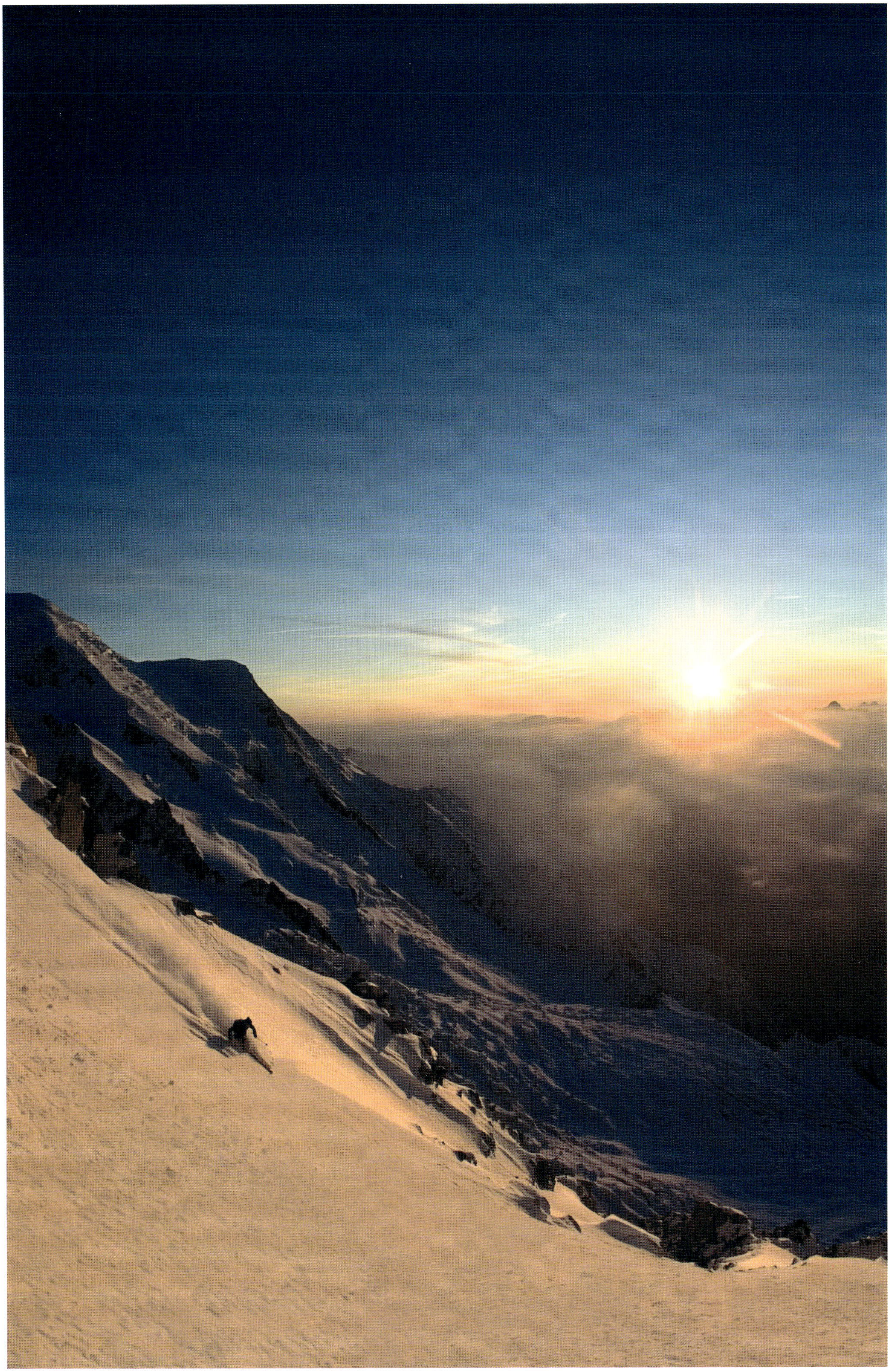

Quelque soit l'angle, le Mont Blanc domine. C'est encore plus vrai au coeur du massif, et Théophile Gauthier le pressentait lorsqu'il écrivait : « ...Parfois, le rideau des nuages se déchirait et par une vaste ouverture, le vieux Mont Blanc apparaissait à son balcon et, comme le roi des Alpes, saluait son peuple de montagnes d'une façon affable et majestueuse ». Mont Blanc face Nord.

Seen from any angle, Mont Blanc dominates all around it. And is more powerful still as it sits in the centre of the range, as Théophile Gautier sensed when he wrote: "...Sometimes the curtain of clouds was torn away and through a vast opening the ancient Mont Blanc appeared on its balcony, greeting his people in a gracious and majestic manner, like the king of the Alps." North face of Mont Blanc.

67

Les belvédères du soir

C'est par là que le soleil tire sa révérence. Brûlant d'un seul trait ces arêtes absentes et solitaires qui nous dominent, Miage, Bionnassay, Tré la Tête sont les derniers témoins d'un jour qui passe...

Une extrémité oubliée par les aménageurs, les téléphériques et les touristes en mal de sensationnel. C'est peut-être là qu'il faut chercher la montagne idéale. Bien sûr, on croit la trouver aux Dômes de Miage, sublime chemin d'étoiles.
Mais n'est-elle pas en équilibre sur les corniches de Bionnassay ? Ne claque-t-elle pas dans le froid vif du matin sur la face Nord de Tré la Tête ? Ne récite-t-elle pas un cantique sur le Mont Tondu ?
Tout cet espace est dédié aux sommets enchanteurs. Ici on ne rapporte pas le bruit du vent, ni l'odeur souffrée d'une pierre qui tombe. On ne collectionne même pas les papillons ou les flèches de granit. On vagabonde simplement vers des sentes verticales. Là où le ciel est la seule limite. Là-bas, les nuages ont la belle vie.
Des trains, des costumes, des chagrins de nuages qui à l'heure du tombant, rappellent que rien n'est joué : au coeur de la rougeur, le bleu glacial peut revenir.
Plein Ouest, ce pays joue les noctambules. C'est peut-être pour cela que les aventuriers célestes aiment à s'y perdre. A commencer par le plus actif d'entre eux, Patrick Gabarrou, cet abonné au massif. Plus de 120 voies ouvertes, il aime à répéter que : « ...la valeur de l'action en alpinisme ne relève pas seulement du fait brut, mais surtout du rêve dont elle est l'accomplissement. Suivre alors le chemin lumineux de l'altitude, écouter le chant de la montagne, et on redevient vite un enfant émerveillé... ».
Accoudé au bastingage, quand les vallées plongent dans l'obscurité, cette charpente solaire devient un coin de paradis pour tous les enfants émerveillés des montagnes que nous sommes.

Evening panoramas

The sun takes its final bow, blazing a single ray over the absent, lonely ridges overlooking us; the Miage, Bionnassay, and Tré la Tête are the last witnesses of the passing day.

An extreme end of the range forgotten by developers, cable cars and tourists yearning for excitement. We should perhaps look here for the ideal mountain. Of course, we think we have found it in the Domes de Miage, a sublime pathway to the stars.
Yet is it not there in the harmony of cornices on the Bionnassay or in a cold, crisp morning on the north face of the Tré la Tête? Or perhaps it is to be found in the music of the wind over Mont Tondu?
This entire space is dedicated to the magic of the mountains. We don't remember the noise of the wind or the sulphurous smell of falling rock. No one collects butterflies or granite arrows up here. Up here one simply wanders with the sky marking the only boundary, the clouds enjoying complete freedom.
At sunset, clouds of all shapes and sizes remind us that nothing is settled: icy blues can return to the heart of the warming reds.
To the west is the country of nightfall. Maybe that's why mountain adventurers love to lose themselves here. We might start with one of the most active among them, Patrick Gabarrou, who has more than 120 new routes to his name and never tires of explaining that: «…The true value of effort in mountaineering does not come merely from the actual climb itself; it comes more from the dream of which it is the accomplishment. So, by following the mountains' beautiful pathways, listening to their refrain, we quickly become a child full of wonder again…». Leaning on the railings, as the valleys are thrown into shadow, the structure becomes a corner of paradise for the incredulous children of the mountains that we all are.

Sous l'angle de l'Aiguille de Bionnassa
The Dômes de Miage and Glacier de

« *Face Nord de Bionnassay. On se réserve ça pour les grands jours, quand le client est affûté et les crampons aussi. Dormir à Tête Rousse est déjà une épreuve. La face nous obsède, et il suffit de regarder par l'embrasure de la fenêtre pour qu'elle envahisse même le sommeil le plus profond. Au matin, à l'heure où le grand froid resserre toutes les pierres et les glaciers, on quitte le poêle qui rassure pour nous enfoncer au coeur de cette paroi givrée et verticale. C'est quelque part un beau voyage, avec ses aléas, ses bourrasques et ses changements de temps. A chaque pas, on voit la vallée entre nos jambes. Et puis arrivés au sommet, rien n'est fini. Il faut tutoyer un autre vide et souvent à califourchon, remettre juste un pied dans cette face Nord. Jusqu'au bout de la course, notre cheminement s'inscrit en lettres blanches.* » Pierre Pisano, Bureau des Guides de Saint-Gervais.

"We save the north face of the Bionnassay for the best day, when the client is prepared and our crampons have been sharpened. Sleeping at the Tête Rousse hut is trial enough. We are obsessed by the mountain's face and looking at it through the window can be enough for it to invade our deepest sleep. In the morning, when the cold clasps the rocks and glaciers in place, we leave the hut's reassuring stove and step into the heart of the icy, vertical face. Despite its uncertainties, the gusts of wind and changes in weather, it is still somehow a great journey. At each step, we see the valley between our feet. And it's not over when we reach the top. We have to confront another void, often astride the ridge, putting just one foot onto the north face, until the end of the route, our path marked out in white letters…" Pierre Pisano, Saint-Gervais Guides Bureau.

Les Dômes de Miage s'amusent à jouer les timides. C'est peut-être pour cela que les refuges y sont lointains, les animaux sauvages nombreux et les hommes absents. Il faut marcher, longtemps comme un pèlerin sans but pour atteindre finalement ce bout d'ailleurs.

The Dômes de Miage can be coy. The huts are far away, there are numerous wild animals and the men are absent. You have to walk a long way, like a pilgrim without a destination, to finally reach this nowhere land.

Traversée des Dômes de Miage, sans doute l'une des premières courses en montagne, premier émerveillement pour un univers si étrange…

The traverse of the Dômes de Miage is without doubt a premier mountaineering route and a wonderful introduction to such a strange world…

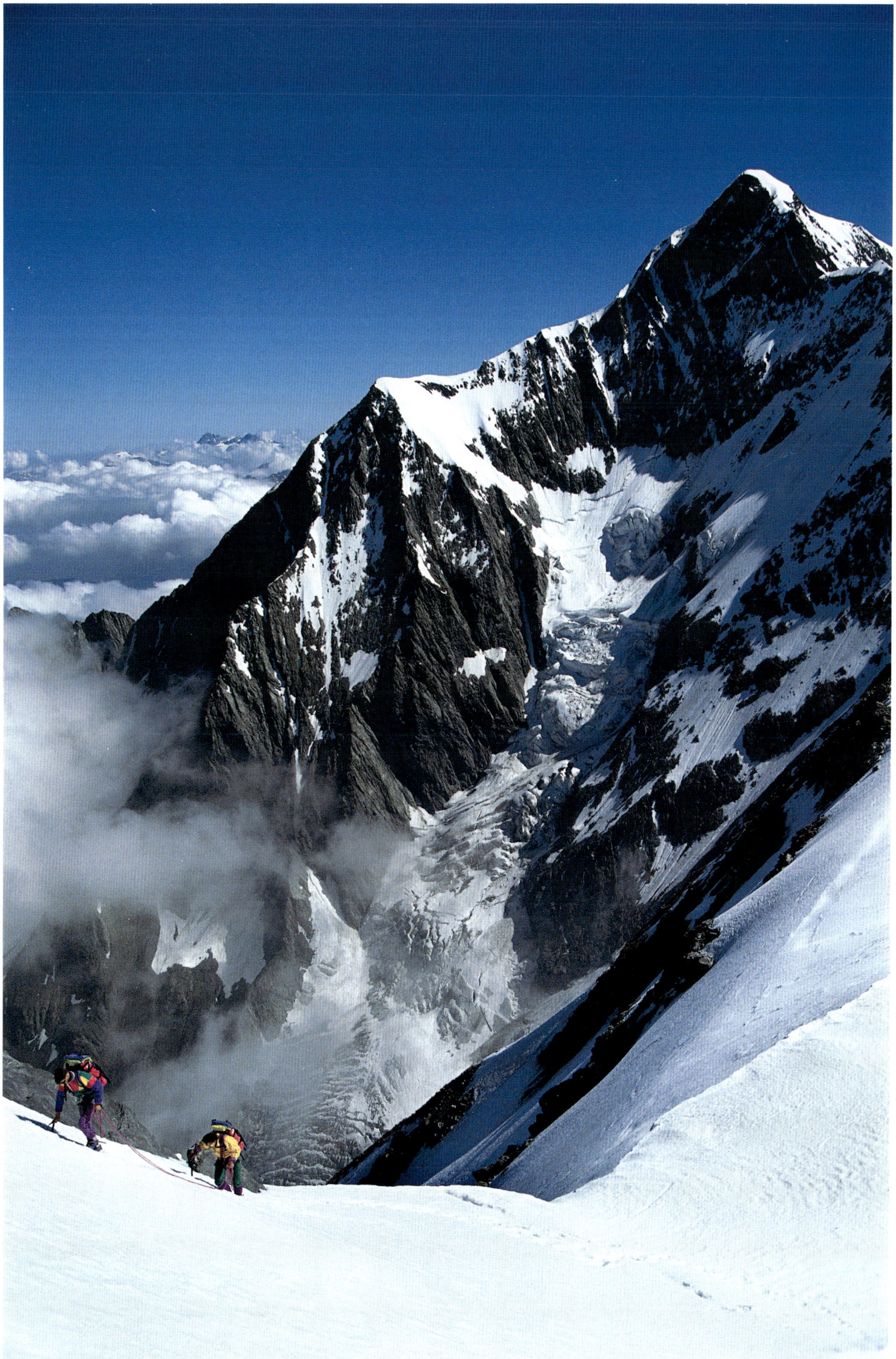

Aiguilles de Tré la Tête et Dôme de Miage apercus depuis les contreforts du Mont Blanc.

The Aiguilles de Tré la Tête and the Dômes de Miage seen from the buttresses of Mont Blanc.

Le cirque de Tré La Tête insoupçonnable depuis la vallée des Contamines.
The Tré la Tête cirque lies hidden from the Contamines valley.

La pyramide de l'Aiguille de Bionnassay qui s'appuie sur l'arête du Tricot et s'en va mourir doucement au Mont Blanc.
The pyramid of the Aiguille de Bionnassay meets the Arête du Tricot on one side and slowly fades into Mont Blanc on the other.

Miss Grove avait de la suite dans les idées. Pendant deux ans, elle relança ses guides pour qu'ils l'emmènent sur ce sommet de 4052 m encore vierge. Finalement, le 18 juillet 1865, elle écrivait : « ...Nous pûmes entrevoir cette arête merveilleusement fine qui décrivait une courbe gigantesque (...), un magnifique bastion qui semblait former un arc de cercle (...), le spectacle le plus grandiose que j'ai jamais vu ». 130 ans plus tard, cette arête toujours aussi belle, s'élance, somptueuse, de l'Aiguille de Bionnassay jusqu'au Dôme du Goûter.

Miss Grove was extremely single-minded. She pestered her guides for two years to take her to one particular unclimbed 4052m summit. Finally, on 18th July 1865, she wrote: "We caught sight of the wonderfully slender, gigantic curving ridge [...], a magnificent bastion which seemed to form a circular arc [...], it was the greatest sight I had ever beheld." 130 years later, is still as beautiful as ever, the sumptuous ridge soars up from the Aiguille de Bionnassay to the Dôme du Goûter.

Sur l'arête de l'Aiguille des Glaciers, le Mont Blanc, comme Tré la Tête deviennent des montagnes mystérieuses..
Mont Blanc and the Tré la Tête group appear mysterious from the ridge of the Aiguille des Glaciers…

Sur la traversée des Aiguilles de Tré La Tête, il faut longtemps avant que le soleil atteigne ce bout de massif oublié.
On the traverse of the Aiguilles de Tré la Tête, it takes a long time for the sun to reach this forgotten corner of the chain.

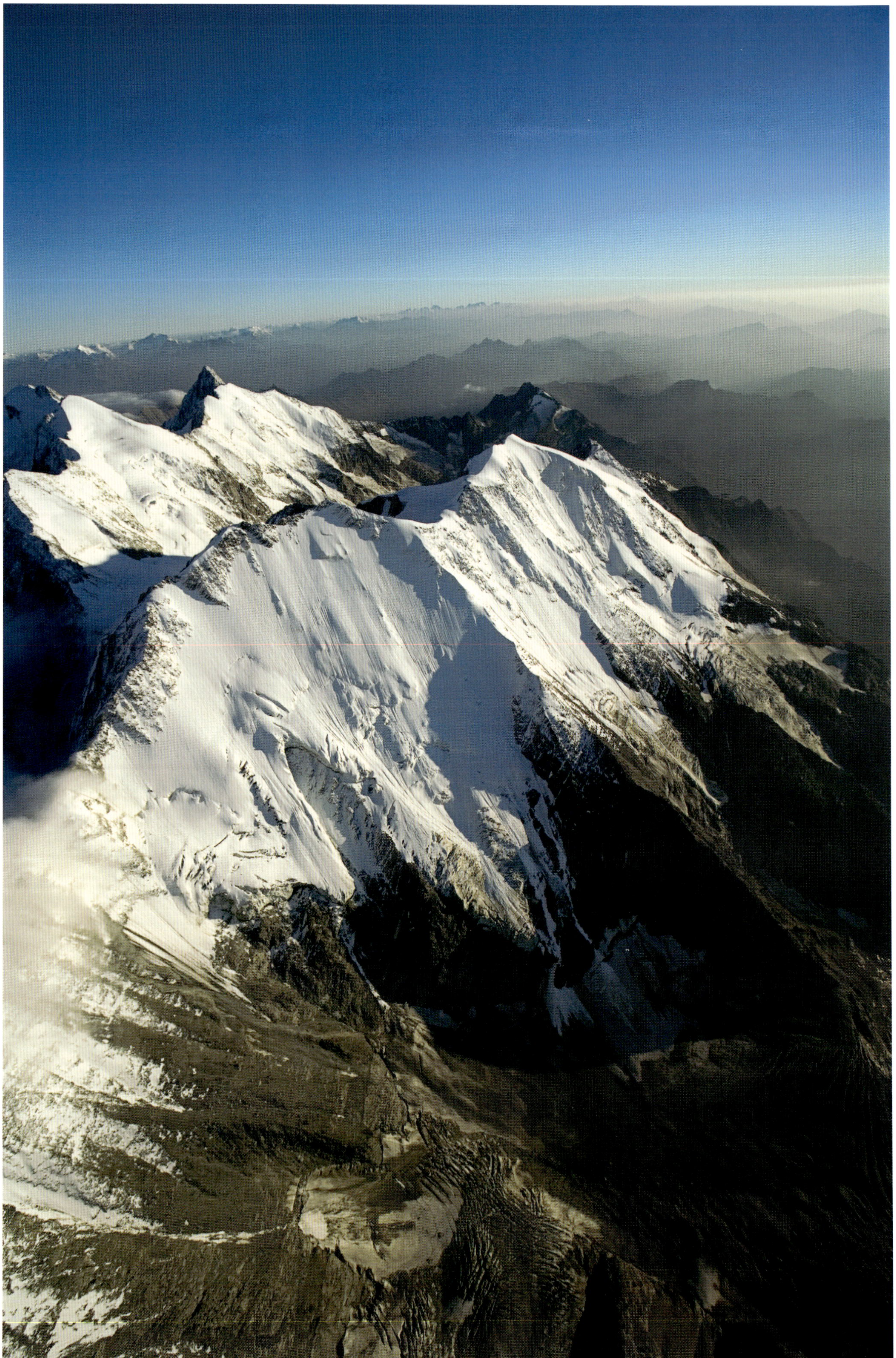

Face ouest de l'Aiguille centrale de Tré la Tête, des couloirs et des pentes fréquentés seulement par quelques initiés.
The west face of the Aiguille Centrale de Tré la Tête, its couloirs and slopes only visited by an enlightened few.

Appuyés sur ces piliers, les Dômes de Miage vus du versant nord rassurent.
Seen from the north face, the Dômes de Miage seem reassuring, resting on pillars of rock.

L'Aiguille de la Brenva, avant-poste méridional de toute l'arête de Peuterey et du Mont Blanc.
The Aiguille de la Brenva, the southern most outlier of the Arête de Peuterey and Mont Blanc.

Mont Blanc
Versant italien
Mont Blanc
Italian side

Petit Mont Blanc (3424 m)

Mont Blanc de Courmayeur (4748 m)

Aiguille Blanche de Peuterey (4112 m)

Aiguille Noire de Peuterey (3773 m)

Grand Pilier d'Angle (4112 m)

Mont Blanc, face Sud (4807 m)

Mont Maudit, face Sud (4465 m)

Aiguille de la Brenva (3278 m)

Aiguilles Marbrées (3535 m)

Dent du Géant (4013 m)

Grandes Jorasses (4208 m)

Aiguille du Triolet (3870 m)

Mont Dolent (3823 m)

Les montagnes du mystère

Plus qu'aucun autre secteur, c'est sur ce versant italien que se sont joués les plus belles histoires et les plus grands drames de la montagne. Sauvage, austère, engagée et parfois même impénétrable, c'est la terra incognita de ce massif.

Paradis des secrets, des arêtes dérobées, des combes oubliées, des bivouacs improvisés, des épées cristallines, ce versant Sud reste le plus intègre, le plus rude et le plus lointain. Il ne concède que quelques arpents de verticale aux hommes. Les cathédrales de granit se chargent d'entretenir le mystère.
Est-ce pour s'opposer aux glacières que ces piliers gorgés de protogine et de lumière s'élancent vers le ciel ? Est-ce un esprit latin, et forcément frondeur, qui pousse ce versant entier à réagir ainsi ? Personne ne peut le dire. Mais se rendre dans l'un ou l'autre de ces secteurs, dominé par un Mont Blanc encore plus lointain, oblige à un voyage en très haute montagne.
Face Sud des Jorasses, Brenva, Pilier d'Angle, Frêney, Brouillard, et même Tournette, Aiguilles Grises, ramènent à un alpinisme intact où rien n'a changé depuis deux siècles. Là-haut, la corniche éthérée, la dalle suspendue, indiquent clairement le chemin. Une vague sente qui conduit fatalement au Mont Blanc. Une courbe efficace qui part du Val d'Aoste et qui mène directement aux racines de l'azur.
Walter Bonatti (*) écrivait: « En paix, complètement détaché des tracas du monde, à l'abri d'un éperon en saillie sur le glacier de la Brenva, je regarde la Terre comme le voit d'en haut un aigle qui vole ».
Ce grand alpiniste italien, qui a inscrit son nom en lettres d'or dans ces mêmes parois, a compris que ces chemins de roc et de glace cristallisent tous les orgueils. Il faut se dépouiller pour rentrer au coeur de ce versant là, comme un voyageur pénitent qui, au-delà des hautes cimes, va découvrir le message de la nature.
La montagne, ni hostile, ni accueillante, offre à ceux qui la parcourent ou la contemplent, un visage à la fois surprenant et inquiétant, régulier et apaisant.
L'homme ne peut y passer que d'une manière furtive, comme un vagabond éphémère. Ce versant italien le lui rappelle constamment…

Mountains of mystery

It is the Italian side of the massif, more than any other area in the range, which has witnessed some of the greatest stories and dramas in mountaineering. Wild and austere, committing and sometimes impenetrable, this is the Mont Blanc Massif's terra incognita.

A paradise of secrets, hidden ridges, forgotten valleys, the site of impromptu bivouacs, a home to blades of crystalline rock, the south side of the range remains the toughest, most untouched and remote part of the massif. Only a few acres of vertical climbing are conceded to men, while its granite cathedrals guard its mystery. Is it some contest with the glaciers below that thrusts these light-filled pillars of chlorite-rich rock up into the sky? Does this whole side of the range act this way out of some rebellious Latin temperament? No one can say. A voyage into one of these areas, dominated by an ever more distant Mont Blanc, implies a journey up to extremely high altitudes.
The south face of the Jorasses, the Brenva Spur, Pilier d'Angle, Frêney, Brouillard and even the Tournette and Aiguilles Grises take us back to an authentic alpinism where nothing has changed in the last two centuries. Up here, a delicate cornice and a suspended slab clearly show the way; a subtle trail leading inevitably to Mont Blanc, a curve that starts in the Aosta valley leading to where the mountain ends and the sky begins.
Walter Bonatti (*) wrote: "At peace, totally detached from the worries of the world, sheltered by a spur jutting out from the Brenva glacier, I look down at the world as might an eagle in flight."
Bonatti, the great Italian mountaineer, put his name to some fine climbs on these faces and understood that these routes over rock and ice condense out man's pride. It takes humility to enter the heart of this place, like a penitent traveller exploring nature's message beyond the lofty peaks.
The mountain, neither hostile nor welcoming, offers its visitor and spectators a face that is at once surprising and worrying, reassuring and appeasing.
Man is but a fleeting drifter, a furtive, passing visitor to these places; and the massif's Italian side is a constant reminder of this…

(*) Walter Bonatti, *Magie du Mont Blanc*, éd. Denoël.

Promesse de l'aube. Quand le soleil vient rôder entre la Noire de Peuterey et les Dames Anglaises et que, soudain, il franchit cette étape toute en dentelle, alors tous ceux qui vagabondent, bêtes et hommes, pierres et nuages, savent que le jour n'est plus loin. Simplement quelques secondes, et le grand été recouvrira tous les mystères.

Promise of dawn. When the sun breaks through between the Noire de Peuterey and the Dames Anglaises, suddenly bursting over the rocky lacework, anything and everything, animals and men, stones and clouds know then that day is coming. A few seconds more, and the light will uncover all their mysteries.

*Grands espaces à portée de main. Le versant du Brouillard, avec ses faces solitaires, évoque des montagnes lointaines.
Pourtant, il suffit de quelques heures, de quelques efforts pour atteindre ce point étrange où la terre et le ciel se donnent rendez-vous...*

*Great open spaces within reach. The Brouillard side, with its lonely faces, evokes more remote mountains.
Yet it only takes a few hours and a bit of effort to reach this strange place where the earth meets the sky...*

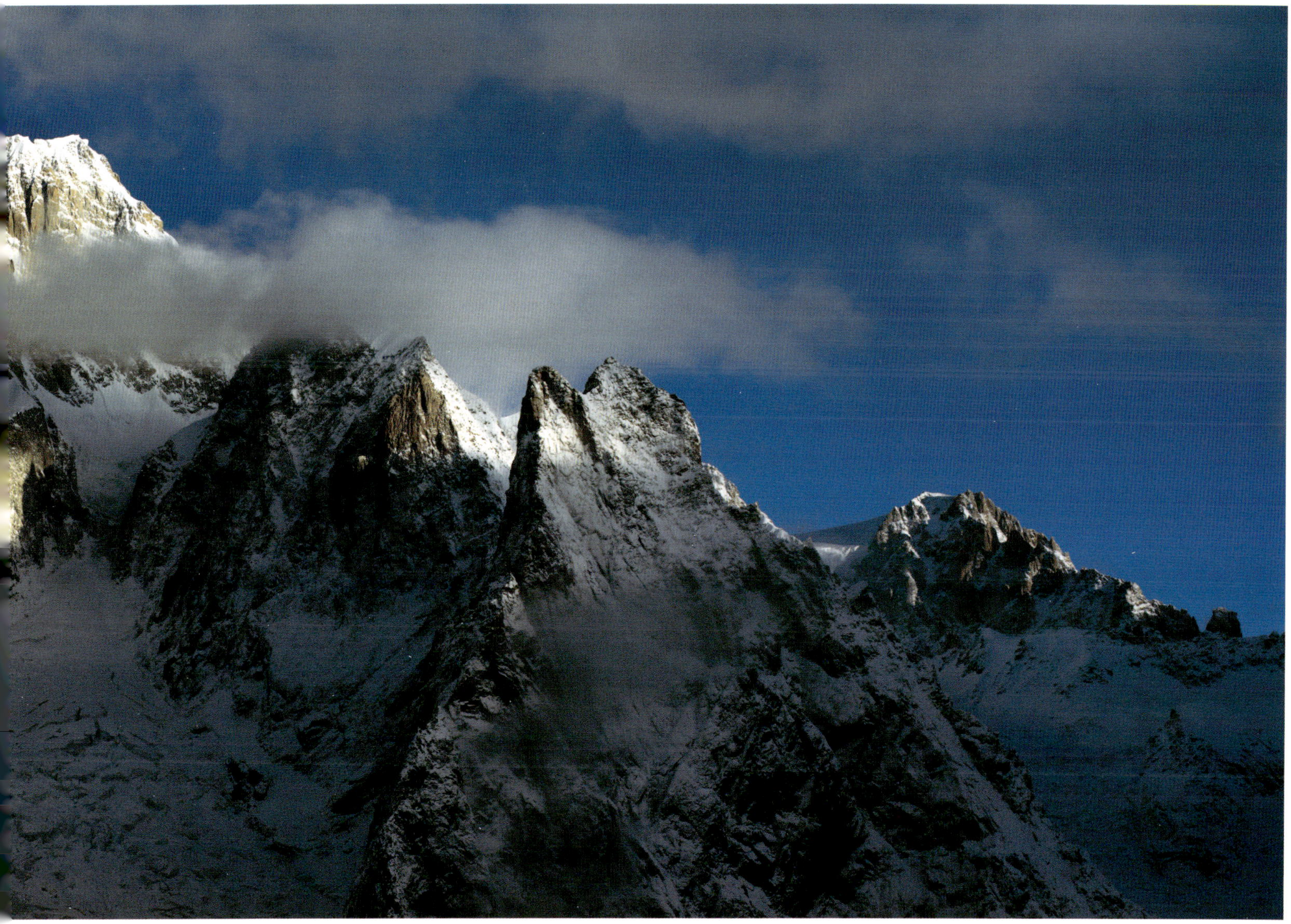

Mont Dolent, pyramide consensuelle qui, pour ne pas froisser les hommes, a dessiné un versant au Nord pour les Français, à l'Est pour les Suisses, et celui-ci plein Sud pour les Italiens.

The Mont Dolent's diplomatic pyramid, so as not to offend, offers a north face to the French, an east face to the Swiss and a south face to the Italians.

Face Nord du Mont Rouge de Gruetta, une montagne encore plus inconnue, au cœur du massif.
The north face of the Mont Rouge de Gruetta, an even less well-known mountain, sits in the heart of the massif.

Entre est et sud, les Grandes Jorasses restent un éternel problème, un gros morceau pour les alpinistes, elles ne faiblissent qu'au moment où elles retrouvent le fil d'Ariane quelque part vers la Dent du Géant…

East or south, the Grandes Jorasses remain an eternal problem, a huge block for mountaineers, only fading out into a slender ridge line leading to the Dent du Géant.

Vue du Val Ferret, la face Sud des Grandes Jorasses est une énigme. Arêtes, sommets secondaires, combes dérobées, glaciers tourmentés, camouflent une voie normale ressemblant à un voyage.

Seen from Val Ferret, the south face of the Grandes Jorasses is an enigma. Hidden behind ridges, secondary summits, hidden bowls, tormented glaciers, lies the journey along the normal route.

Depuis les contreforts de Rochefort, les versants Sud-Est du Mont Blanc et du Tacul captent les premiers rayons du soleil.
Seen from the buttresses of the Arête de Rochefort, the south-west faces of Mont Blanc and the Tacul catch the first rays of sunlight.

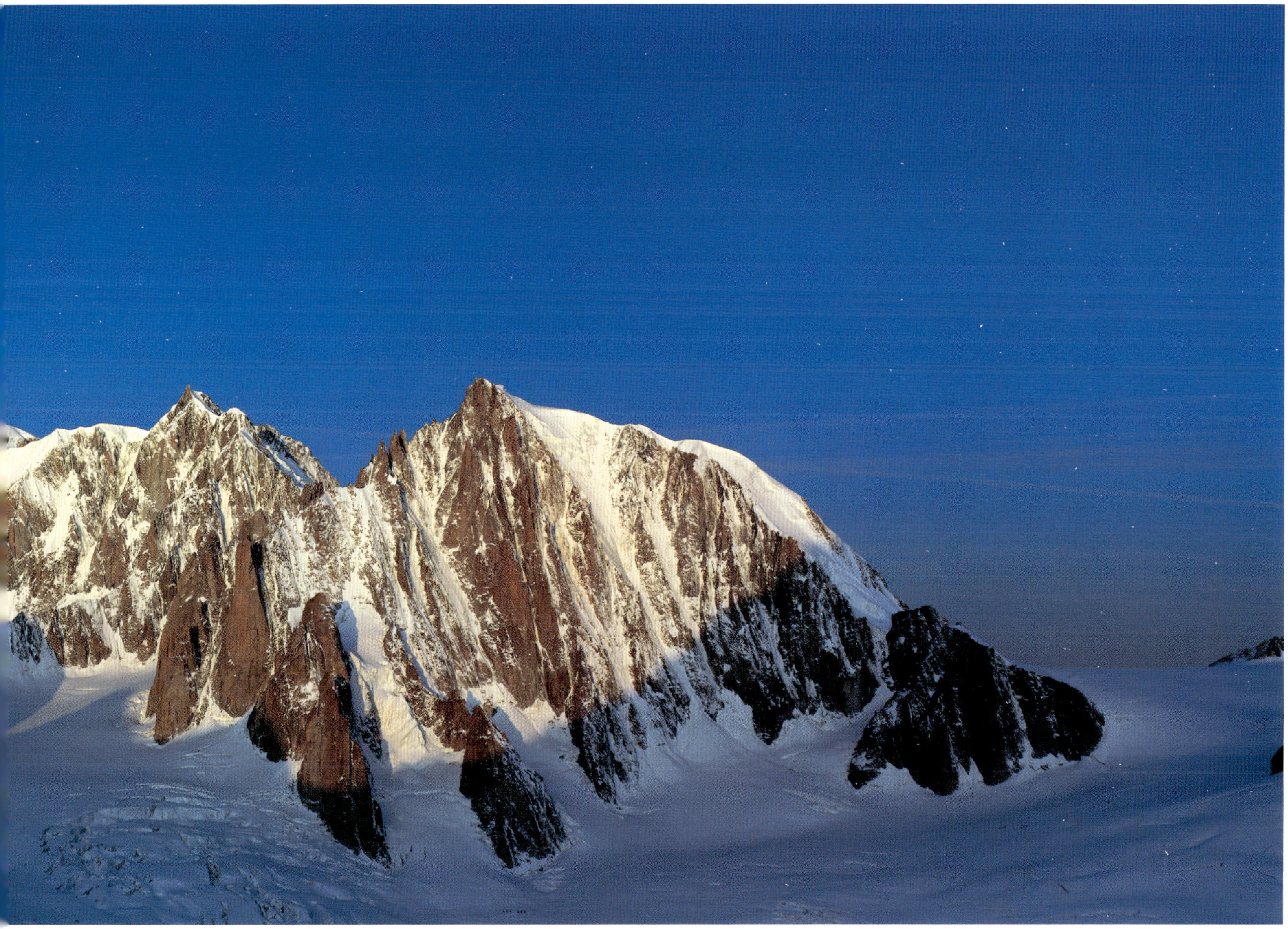

Derrière ce glacier de la Brenva, l'histoire d'une face, de trois voies et d'un homme : Graham Brown. A 46 ans, il va ouvrir l'itinéraire de la Major, de la Poire et de la Sentinelle Rouge sur cette face Sud du Mont Blanc. Trois itinéraires majeurs dans cette face de 1500 m de haut et d'un kilomètre de large. Cet homme alors écrivait : « L'inconnu était le facteur principal et le grand silence me rappelait, semblable mais insolite, certains silences en temps de guerre ». En 1927, il fit de ce versant son territoire sacré.

Behind the Brenva glacier is a face with a history, the story of three routes and one man, Thomas Graham Brown. He put up three routes on the south face of Mont Blanc at the age of 46: the Major, Poire and Sentinelle Rouge. Three big lines on the 1500m high and one kilometre wide face. He later wrote: "The unknown was the main factor, and the great silence brought back memories of the similar but unusual silences of war." In 1927, he was to make this face his own.

Quel que soit le point de départ, arriver au Mont Blanc de Courmayeur, au-dessus du Pilier d'Angle, c'est déjà avoir franchi toutes les étapes. Fini alors le temps de l'errance sur les longues sentes, terminé l'effort dans les difficultés et l'altitude, ne subsiste qu'une sensation un peu fugitive qui vous guidera jusqu'au sommet principal : le Mont Blanc.

Wherever you start from, if you reach the summit of Mont Blanc de Courmayeur, above the Pilier d'Angle, the hard part is over. The roving and route-finding, the hard climbing through difficult sections, the altitude, are all replaced by a feeling of wandering, drawing you to the main summit, Mont Blanc itself.

« *Plus nous montons, plus nous apercevons avec un pénible étonnement que la prétendue tour n'est autre que le soutien d'une rapide crête neigeuse pleine à son commencement de corniches et de virevoltes. Par comble de malheur, l'arête faîtière est accompagnée sur toute la longueur, par une remarquable corniche, qui est la continuation de celle du sommet du grand couloir de glace que nous voyons d'ici dans toute son horrible beauté…* »
Récit de la première ascension de la face sud du Mont Maudit par Rénato Chabod, 1929.

"*The higher we got, the greater our crushing realisation that this so-called tower was merely supporting a steep snow ridge beginning with swirling cornices. To top it all, there was a huge cornice running the full length of the ridge stretching from the summit to the great ice gully that we could see in all its dreadful beauty…*"
Account of the first ascent of the south face of Mont Maudit by Rénato Chabod, 1929.

Nuit étoilée au bivouac de la Fourche…
A starry night at the Bivouac de la Fourche…

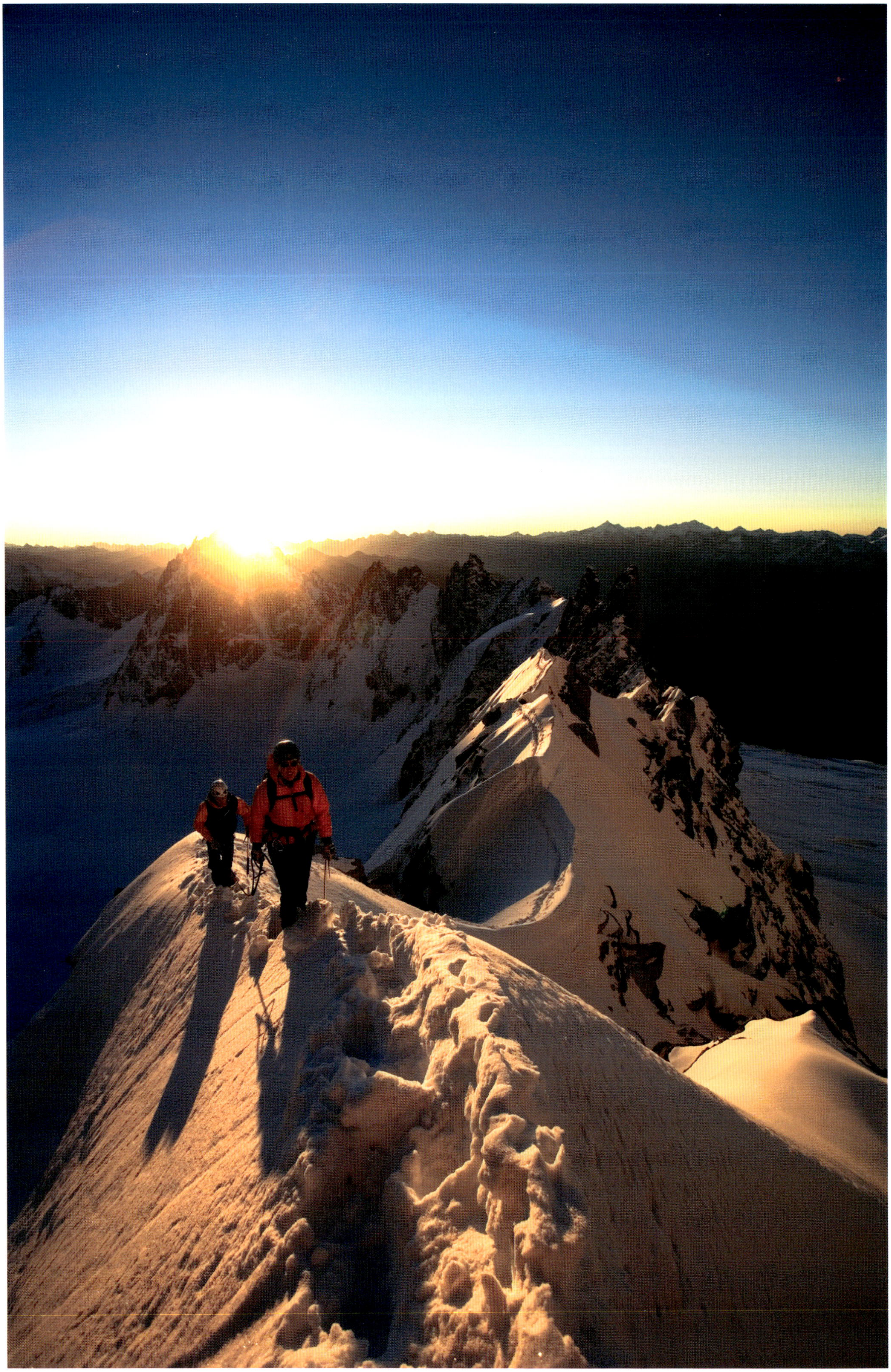

Entre versant Brenva et face sud du Mont maudit, le versant sud-est du Mont Blanc se dévoile dans toute sa splendeur.

The south-east face of Mont Blanc reveals itself between the Brenva face and the south face of the Mont Maudit.

C'est au lever du jour que tout se joue, un dernier claquement de vent, le froid qui pince et soudain, le décor s'installe et les montagnes deviennent enfin palpables. Arête Kuffner, Mont Maudit.

Everything changes at daybreak, a final crack of wind, the cold takes a final bite and the light suddenly appears and with it the décor, the mountains finally becoming real. The Arête Kuffner, Mont Maudit.

Morceau d'anthologie, l'arête Kuffner au Mont Maudit symbolise pour beaucoup d'alpinistes la voie royale. Face à des lignes d'horizon qui courent jusqu'au massif du Grand Paradis, les chercheurs d'espace, en pleine action sur le passage de l'Androsace progressent au centre d'un décor de sommets magnifiques.

A classic, the Arête Kuffner on the Mont Maudit is for many alpinists a top-class route. Opposite, a horizon extending as far as the Gran Paradiso, those on a quest for space make their way up the Androsace section against a magnificent Alpine setting.

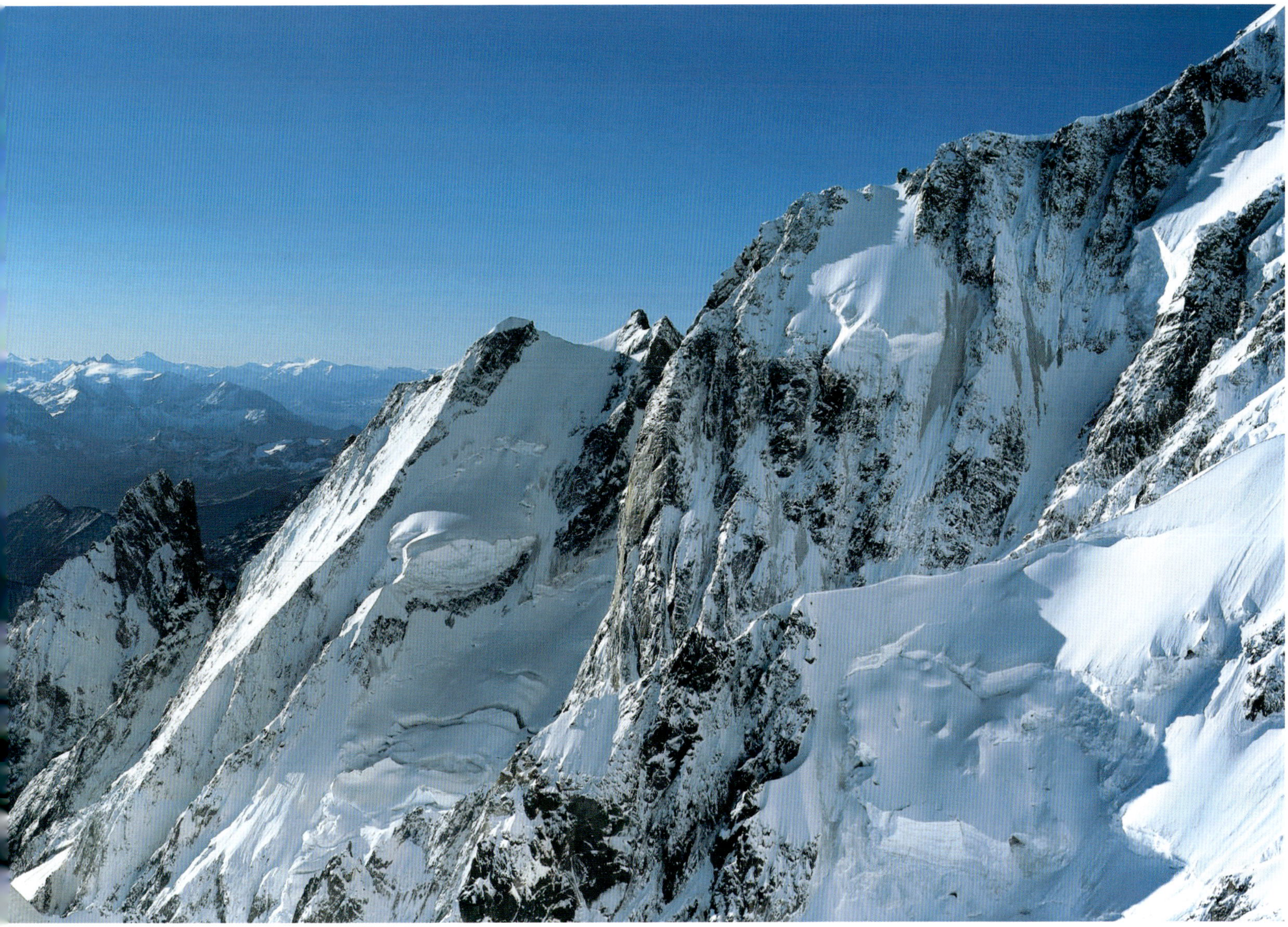

*Première marche sur le long chemin qui conduit jusqu'au Mont Blanc,
l'Aiguille Noire de Peuterey est aussi une superbe course.*

*A first step on the long path leading to Mont Blanc,
the Aiguille Noire de Peuterey is also a superb climb.*

Face ouest de la Noire de Peuterey, une belle escalade technique.

The west face of the Noire de Peuterey gives great technical climbing.

105

Il suffit simplement de se promener sur les crêtes, vers le Mont Fortin, pour apercevoir la complexité et la beauté de ce grand versant sud du Mont Blanc

A simple stroll along the ridges near Mont Fortin is all it takes to appreciate the complexity and beauty of the south face of Mont Blanc…

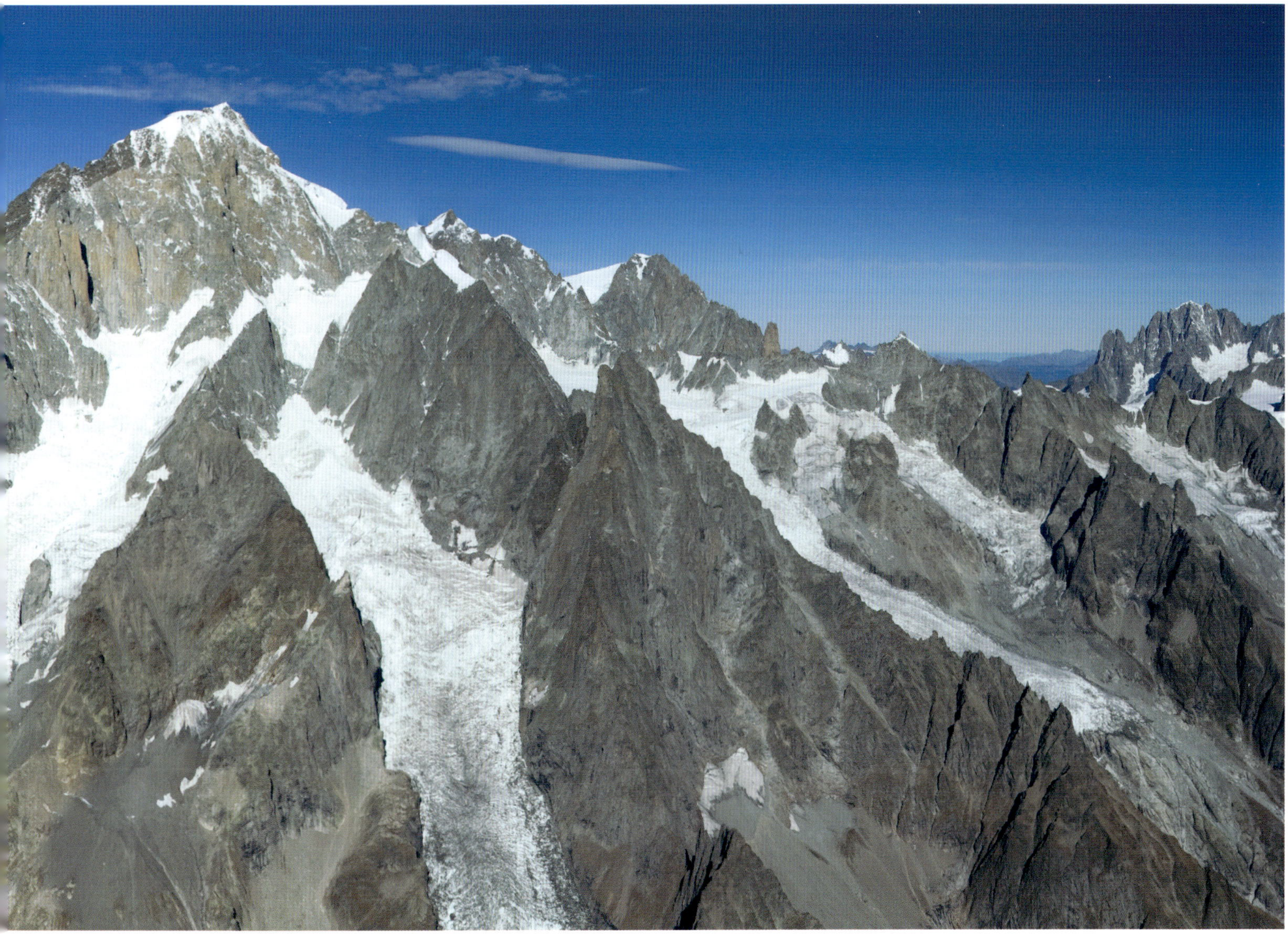

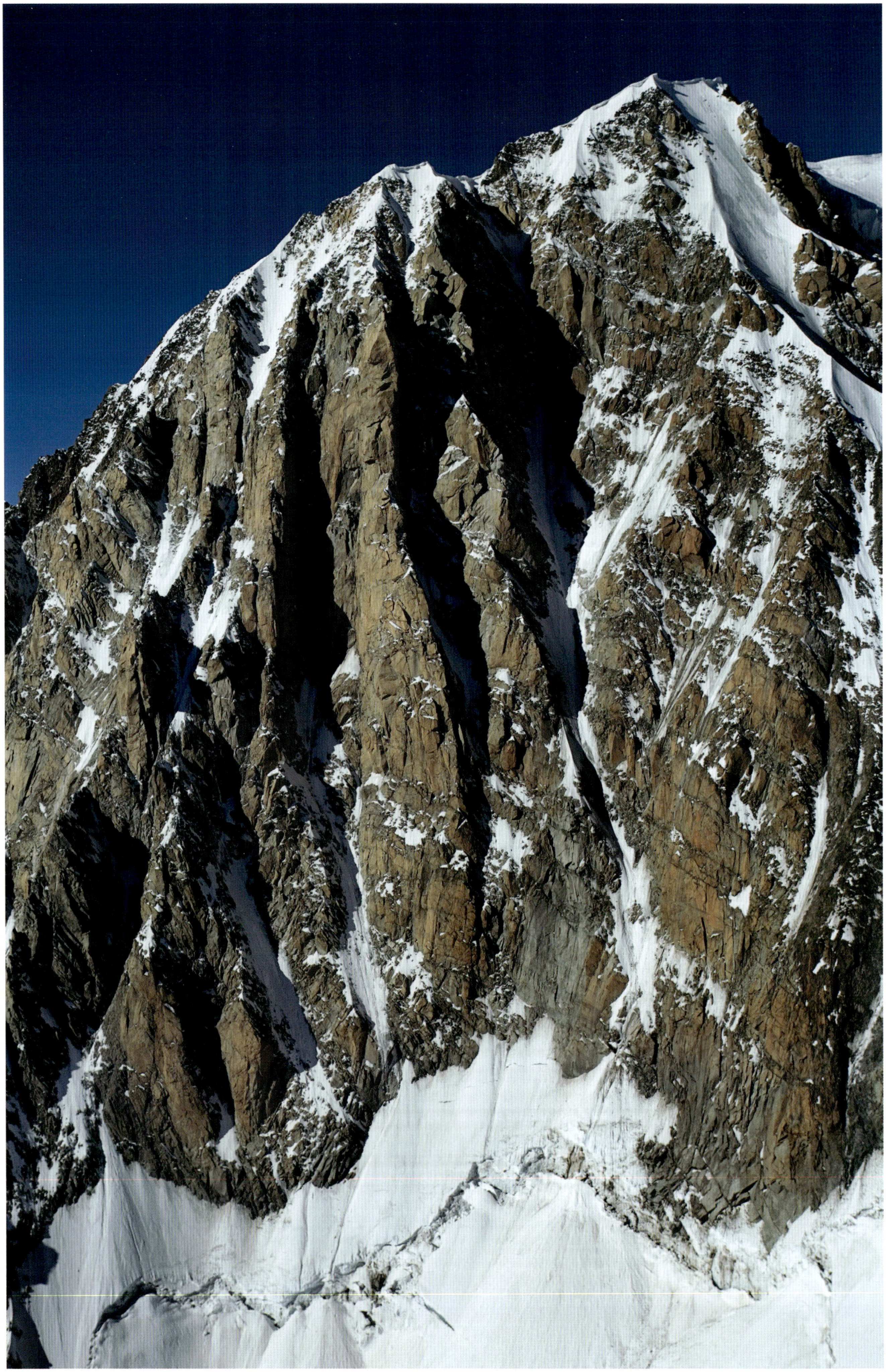

Séparés par le col Eccles, le versant Freney et Brouillard de ce Mont Blanc sud si haut perché et si peu parcouru.
The Col Eccles separates the high and rarely-climbed Frêney and Brouillard faces on Mont Blanc's south face.

Pilier du Frêney, Pilier Dérobé, deux parois pour l'altitude et la difficulté.
The Frêney and Dérobé Pillars, two difficult high-altitude walls of rock.

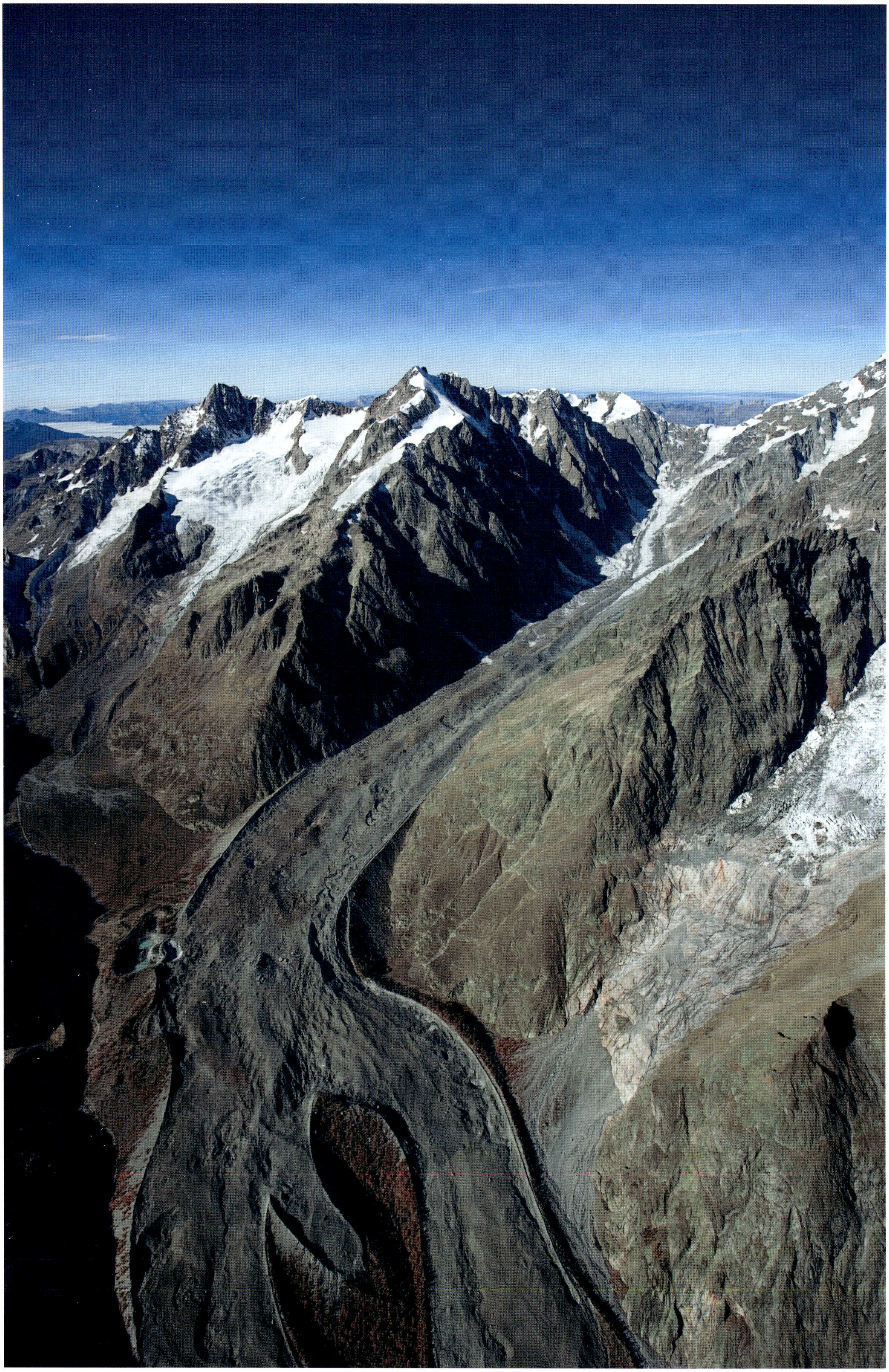

Versant ouest du Mont Blanc avec l'éperon de la Tournette qui fut pendant longtemps la voie normale du versant italien, jusqu'à la découverte de la route des Aiguilles Grises.

Until the discovery of the line on the Aiguilles Grises, for a long time the Éperon de la Tournette on Mont Blanc's west face was the normal route on the Italian side.

Bordure occidentale du massif, ces quelques sommets sont un peu oubliés lors de la grande fête de la lumière. Pourtant, Aiguilles des Glaciers et de Tré la Tête, glaciers d'Estelette ou de la Lex Blanche méritent le détour.

On the western edge of the range, this collection of peaks is a little left behind by the great play of light. Nevertheless, the Aiguilles des Glaciers, Tré la Tête group, and the Glacier de l'Estelette and Glacier de la Lex Blanche are well worth a visit.

Vue panoramique du grand versant ouest du Mont Blanc avec une vision précise de la voie normale.

A panoramic view over Mont Blanc's west face showing the whole of the normal route.

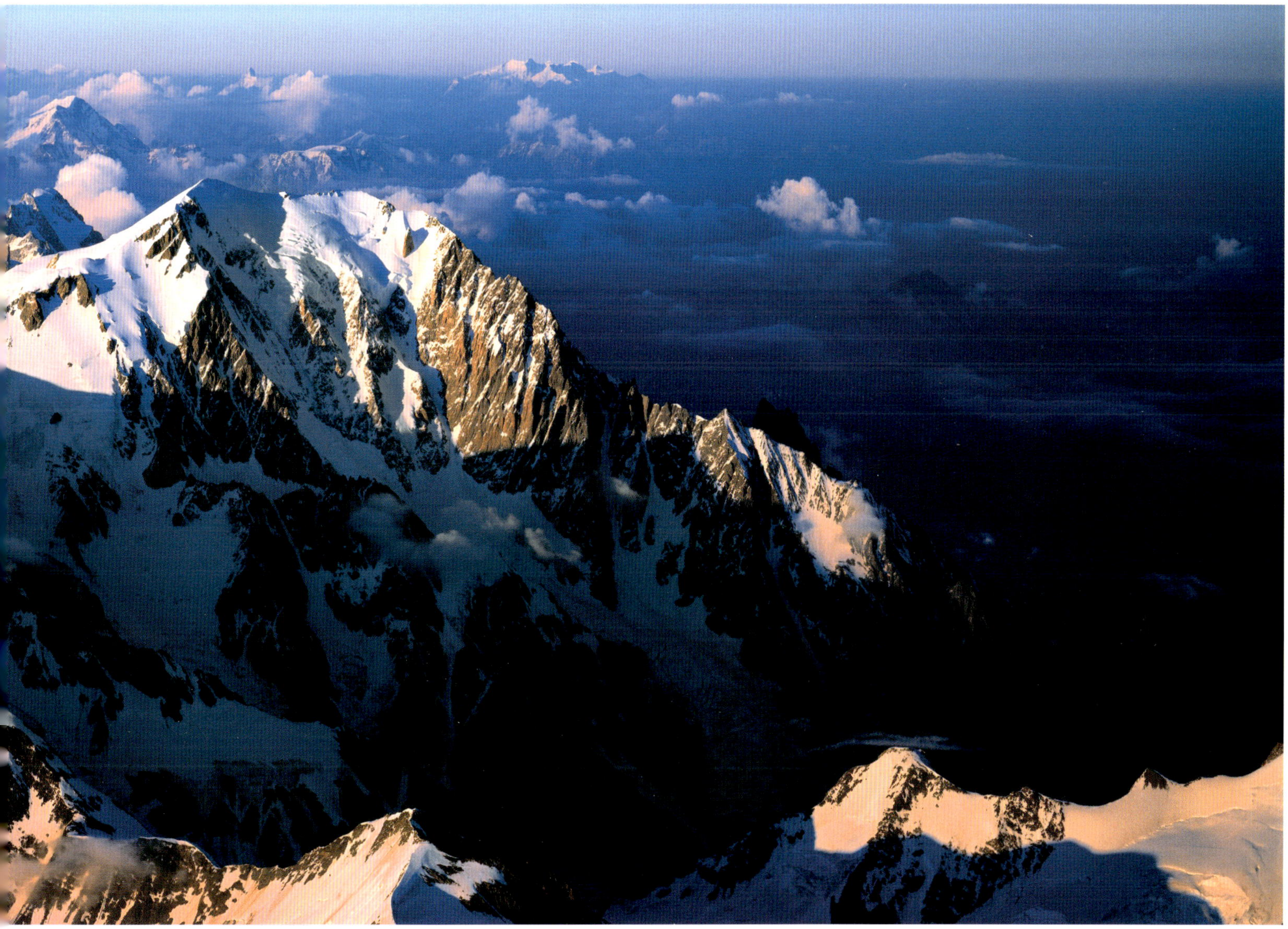

La Mer de glace qui déploie ses anneaux de glace et sa beauté glaciale depuis le sommet du Mont Blanc.
The glacial beauty of the Mer de Glace, its rings of ice unfurling down from its border with Mont Blanc itself.

Mont Blanc
Cœur du massif
Mont Blanc
the heart of the massif

Bassin Nant Blanc, Charpoua et Talèfre
Nant Blanc, Charpoua and Talèfre basins

Les Drus (3754 m)
Aiguille Verte (4121 m)
L'Evêque (3469 m)
La Nonne (3340 m)
Aiguille du Moine (3412 m)
Aiguille du Jardin (4035 m)
Les Droites (4000 m)
Les Courtes (3856 m)
Aiguilles Ravanel (3696 m) et Mummery (3700 m)
Petites Aiguilles de Triolet (3806 m)
Pointe Isabelle (3761 m)
Aiguille de Talèfre (3730 m)

Bassin de Leschaux
Leschaux Basin

Aiguille de Leschaux (3759 m)
Petites Jorasses (3650 m)
Grandes Jorasses (4208 m)
Mont Mallet (3989 m)
Aiguille de Rochefort (4001 m)
Dent du Géant (4013 m)
Aiguilles des Périades (3507 m)
Aiguille du Tacul (3444 m)

Tour Ronde (3792 m)

Mer de Glace - Envers du Plan
Vallée Blanche - Combe Maudite

Le monde invisible

Cachées au coeur du Massif, on y trouve pêle-mêle une rivière gelée et des aiguilles caractéristiques. C'est un véritable écrin de sommets et de mystères réservé avant tout aux voyageurs, alpinistes ou pas …

C'est là que le Massif bat la chamade. On aperçoit ces bâtisses d'altitude depuis la vallée, cette Verte qui se drape d'hiver. Les Drus qui s'enracinent à l'Ouest ne sont que des éclaireurs. Fragilement, il faut s'aventurer sur ces cristaux bruyants, dans ces méandres d'eau et de glace, pour apercevoir plus en détail la fameuse Mer de Glace. Alors tout s'illumine, tout se découvre, la face Nord des Grandes Jorasses avec ses donjons qui s'en vont à la conquête des nuages. Ravanel et Mummery à la bordure du ciel, un autre bout de Verte encore plus étoilé de corniches, une pointe Isabelle dont la belle attend son guide, un Moine et une cour d'ecclésiastiques dont les prières se perdent dans les contreforts des sommets.
L'on en vient à cheminer comme un pèlerin extasié. Chaque pas nous conduit vers un glacier encore plus chaotique, démesuré même, qui se bouscule aux portes de l'apesanteur, la Mer de Glace paisible et reposée devient alors Vallée Blanche, Envers du Plan, glacier de la Vierge, Combe Maudite. S'emparant de chaque écueil pour en faire un lieu précis, comme si des marins perdus dans la tempête devaient passer par là, les arêtes jouent entre elles, distribuant des ombres, indiquant les passages. Imperceptiblement, on rejoint alors ces coins merveilleux qui courent après l'horizon.
La Dent du Géant fait une tentative un peu vaine pour attraper le soleil, les arêtes de Rochefort s'étirent dans la matin glacial. Face à ce spectacle gagné au prix de quelques heures de marche ou d'ascension, ce beau texte de Gaston Rébuffat n'en devient que plus fort:
«les montagnes, comme les mers et les déserts, sont nos jardins sauvages, aussi nécessaires, aussi indispensables que l'eau et le pain; pas seulement parce que l'air y est meilleur que dans les villes, mais d'abord parce que ce sont des lieux de plénitude où l'homme peut marcher, courir, s'arrêter, contempler, grimper, nager, avoir faim, avoir soif, employer la vigueur de son corps, faire respirer son coeur et son âme … » (La Montagne est mon domaine, Ed. Hoëbeke).

The invisible world

Hidden deep in the heart of the range, lie an icy river and a collection of distinctive aiguilles. This is a veritable jewellery box of summits and mysteries for travellers, be they mountaineers or not.

This is the beating heart of the massif. We catch a glimpse of its towering walls from the valley but the Verte draped in snow and the Drus rooted at the western edge are merely its advance guards. To get a better look at the famous Mer de Glace we must tentatively venture in among the noisy crystals and the meandering water and ice. All is light here, everything opens up and the great towers on the north face of the Grandes Jorasses clasp at the clouds. The Aiguille Ravanel and Aiguille Mummery are on the border with the sky itself, and we get another glimpse of the Verte filled with even more cornices. There is the Pointe Isabelle, named for Miss Straton by her amorous guide, and the Moine (Monk) with his fellow ecclesiastical peaks, their prayers lost among the buttresses of the surrounding peaks.
We tread among them like inspired pilgrims, each step leading to another even more chaotic glacier, pushing its immense mass to the very limits of gravity, the peaceful Mer de Glace becoming the Vallée Blanche, the Envers du Plan, the Glacier de la Vierge and the Combe Maudite. On this sea of ice and snow each reef has a precise name to help the mountain mariners, lost in the storm, find their way, the ridges together creating shadows showing the way. We imperceptibly arrive at these wonderful places, seemingly running off into the horizon.
The Dent du Géant tries in vain to catch the sun as the Rochefort ridges stretch out in the icy morning. As we behold the vista of this spectacle, earned by a few hours walk or climb, the following lines by Gaston Rébuffat hold an even greater meaning:
«The mountains, like the seas and the deserts are our wild gardens, as indispensable as water and bread; not only because the air is purer than in the cities but also because these are places of plenty where man can walk, run, stop, think, climb, swim, feel hunger and thirst, use his body, let his heart and soul breathe…» (La Montagne est mon domaine, published by Hoëbeke).

Grand Envers au coucher du soleil.

The Grand Envers at sunset.

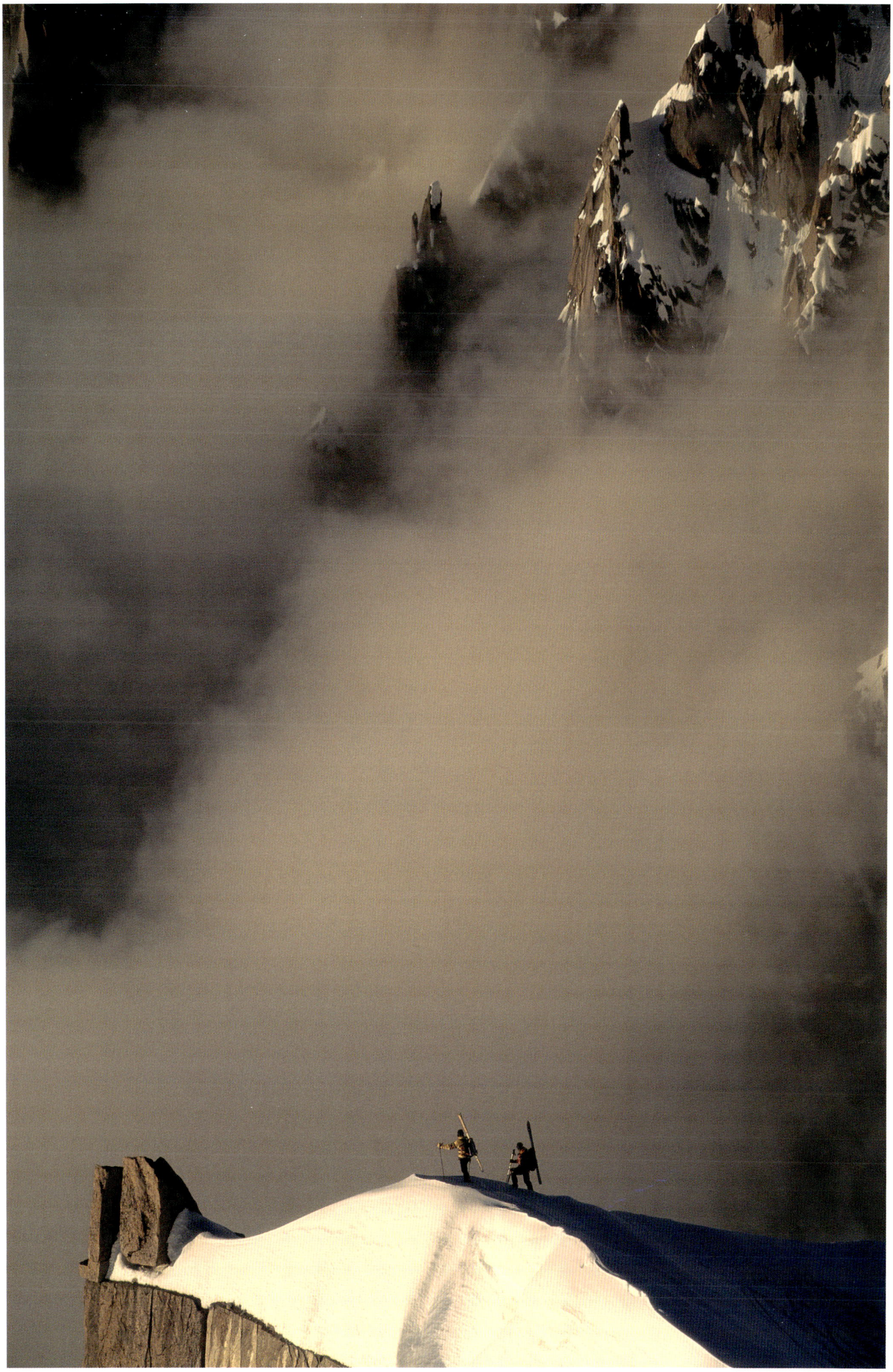

C'est du ciel que l'Aiguille Verte montre sa suprématie sur les Drus…
Seen from above, the Aiguille Verte asserts its supremacy over the Drus…

« *Pour tous les alpinistes, saluer la vierge des Drus, c'est un rêve. Les derniers mètres franchis, Directe Américaine, Pilier Bonatti, traversée ou face Nord s'effacent. La course devient un prétexte. L'important, c'est d'être là-haut* ». Lionel Pernollet, Compagnie des Guides de Chamonix.

"*All mountaineers dream of paying homage to the Virgin of the Drus. The final few metres climbed - the American Direct, Bonatti Pillar, traverse or north face – and the route is forgotten; it is merely an excuse, being up there is what counts.*" Lionel Pernollet, Chamonix Compagnie des Guides.

Aiguille Verte et Drus forment un duo de choc. De la vallée de Chamonix, ce sont les Drus qui attirent le regard. Une montagne aux lignes pures, gravie pour la première fois en 1879 par Jean-Estéril Charlet-Straton avec ses compagnons Prosper Payot et Frédéric Folliguet.

The Aiguille Verte and Drus make quite a pair. From the valley, it is the Drus that attract our attention. A mountain with pure lines, climbed for the first time in 1879 by Jean-Estéril Charlet-Straton with his companions Prosper Payot and Frédéric Folliguet.

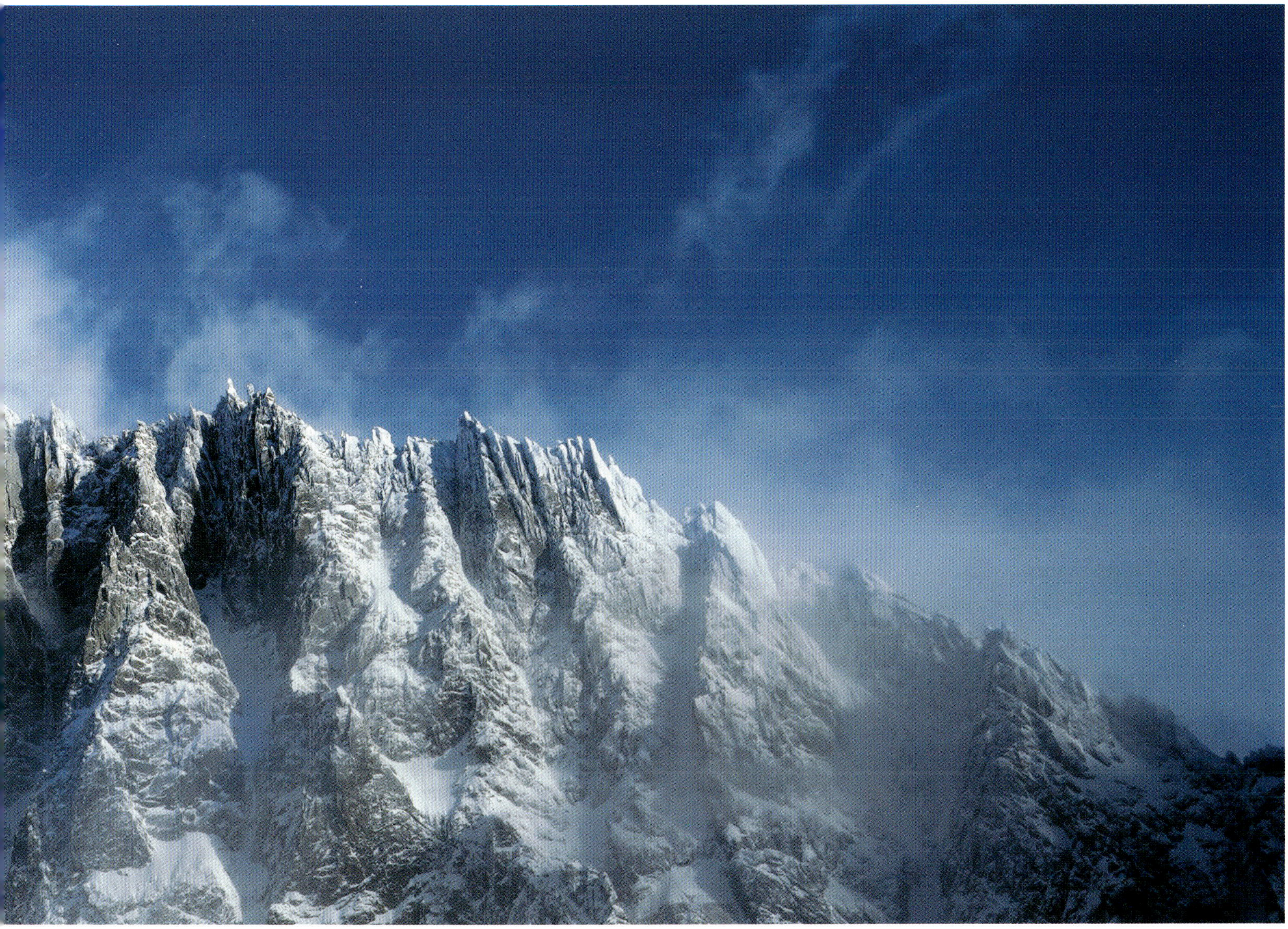

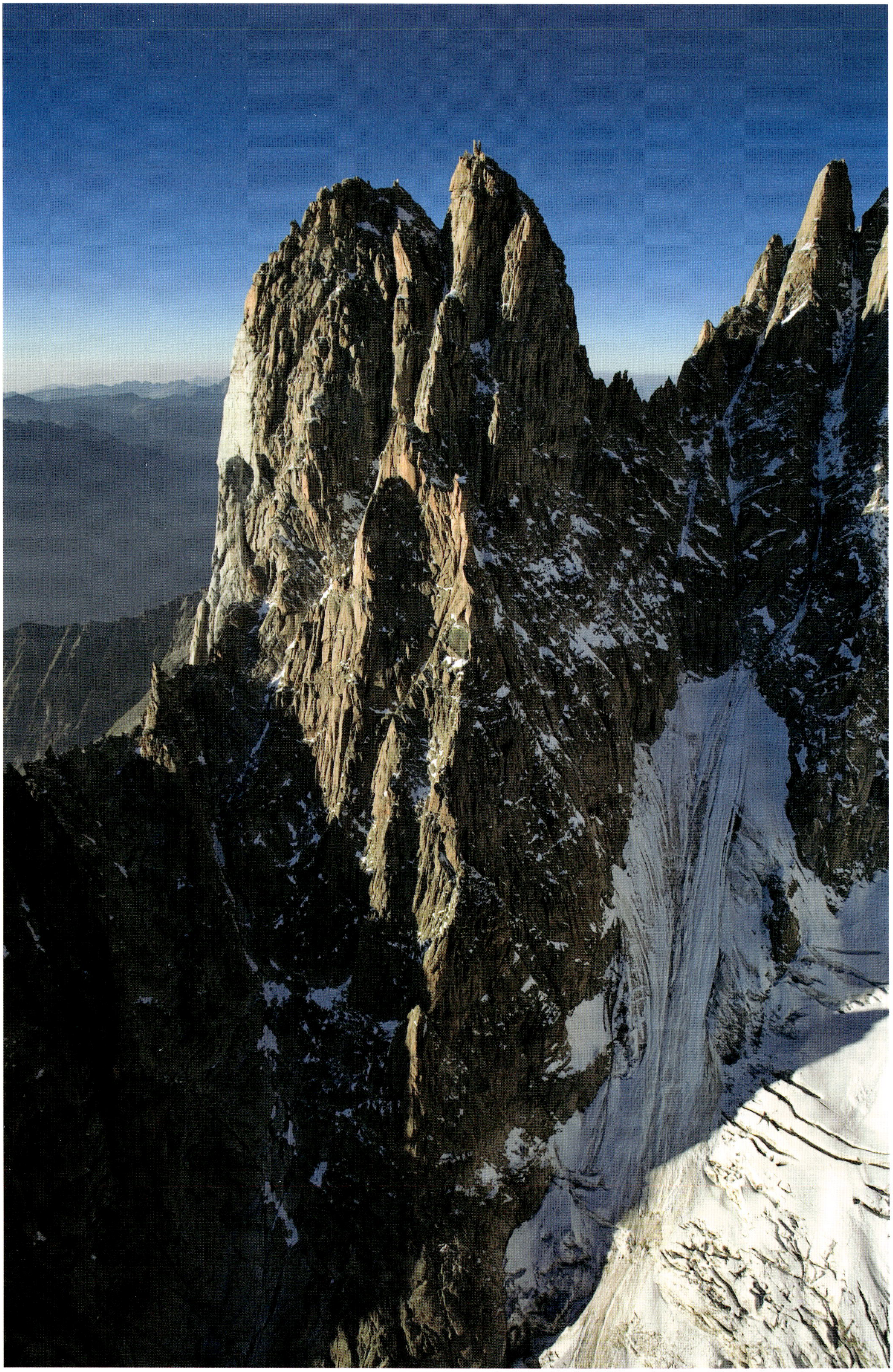

Au carrefour de l'arête Sans Nom, du Nant Blanc, du Couloir en y et de l'arête du Moine, l'Aiguille Verte s'affine pour s'en aller rejoindre cette simple couture blanche posée à la périphérie des 4000 m.

Where the Sans Nom and Nant Blanc ridges meet the Y Couloir and the Moine Ridge, the Aiguille Verte tapers and becomes a simple seam of white running along the 4000m contour line.

Les Drus face sud sont un ensemble de piliers cachés aux yeux du profane, et dont les lignes s'élancent vers le ciel, droit comme un I.

The south face of the Drus form a collection of pillars whose lines rise up skywards, as straight as a die, yet hidden from the eyes of the uninitiated.

Au-dessus du col de Pierre Joseph, la longue arête qui court de l'Aiguille de Talèfre au Triolet révèle une part de sa beauté.
The long ridge running from the Aiguille de Talèfre to the Triolet, above the Col de Pierre Joseph, reveals part of its beauty.

L'Aiguille du Moine est une belle classique. Par le versant Sud ou Est, on parvient toujours à ce point stratégique. C'est un balcon naturel qui, d'un coup, découvre ce coeur, tant recherché par les alpinistes.

The Aiguille du Moine is a beautiful, classic route. The climbs on the south and east sides lead to the same key section, a natural balcony, from one end of which opens up the heart of the range.

Depuis la dent du Requin, l'alignement des sommets qui marquent le versant sud d'Argentière donne une autre image des Drus, de l'Aiguille Verte, des Droites et des Courtes.

The view from the Dent du Requin of the range of peaks along the south side of the Argentière basin gives a different image of the Drus, Aiguille Verte, Droites and Courtes.

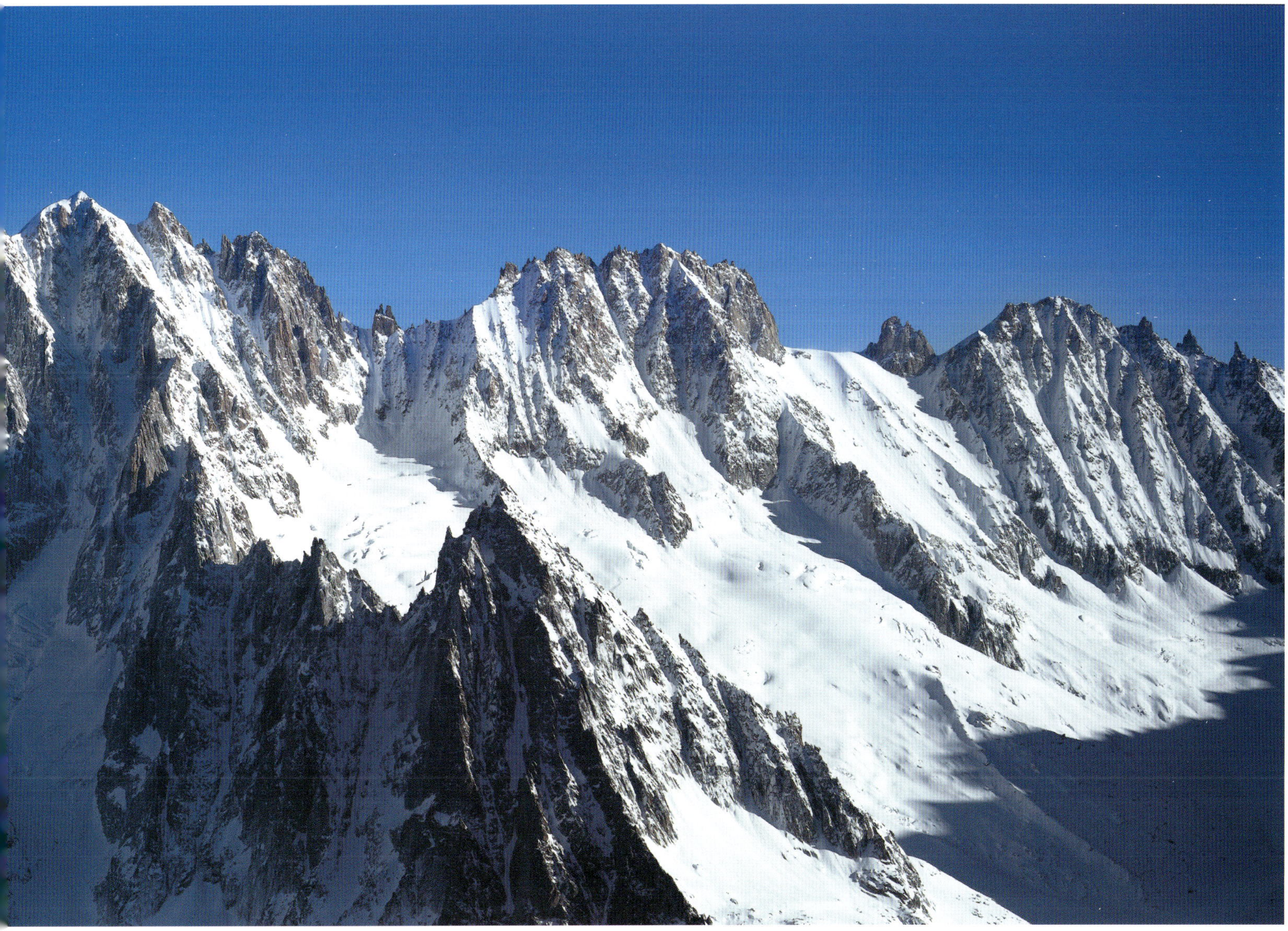

Le glacier de Talèfre descend en pente douce vers la Mer de Glace.
The Talèfre glacier gently slides down to meet the Mer de Glace.

Aiguille de Leschaux et Petites Jorasses, deux sommets secondaires, deux pistes pourtant pour de belles escalades…
The Aiguille de Leschaux and Petites Jorasses are two secondary summits that nevertheless lead to some great climbs…

« Les souvenirs ! Ah les souvenirs !... On me demande souvent : quel est votre plus beau souvenir de montagne ? Votre plus belle ascension ? J'hésite toujours à répondre. Il y en a tellement : le Jannu en Himalaya, dans un Népal encore vierge, haut de sept mille sept cent mètres seulement, mais que personne n'avait gravi... La face Sud du Huandoy, la paroi la plus difficile des Andes au-dessus de cinq mille mètres, le Chacaraju, le Chopicalqui, le Huascaran... Les Dolomites, l'Eiger, les Drus ! Bien sûr. Mais, au premier plan de ma mémoire, surgit toujours l'Eperon Walker des Grandes Jorasses, en hiver, avec Jacques Batkin ». René Desmaison, « Au royaume des montagnes », Ed. A. Barthélémy, Avignon.

"Memories! Ah, memories! People often ask me: what is your greatest climbing memory? Your greatest climb? I never know what to answer. There have been so many great ones: Jannu in the Himalayas, when few of the mountains of Nepal had been climbed, only seven thousand seven hundred metres but it hadn't been climbed… The south face of Huandoy, the hardest face over five thousand metres in the Andes, Chacaraju, Chopicalqui, Huascaran… The Dolomites, the Eiger, the Drus, obviously! But, it's the Walker Spur on the Grandes Jorasses in winter with Jacques Batkin that stays imprinted on my mind." René Desmaison, Au Royaume des montagnes, published by Éditions A. Barthélémy, Avignon.

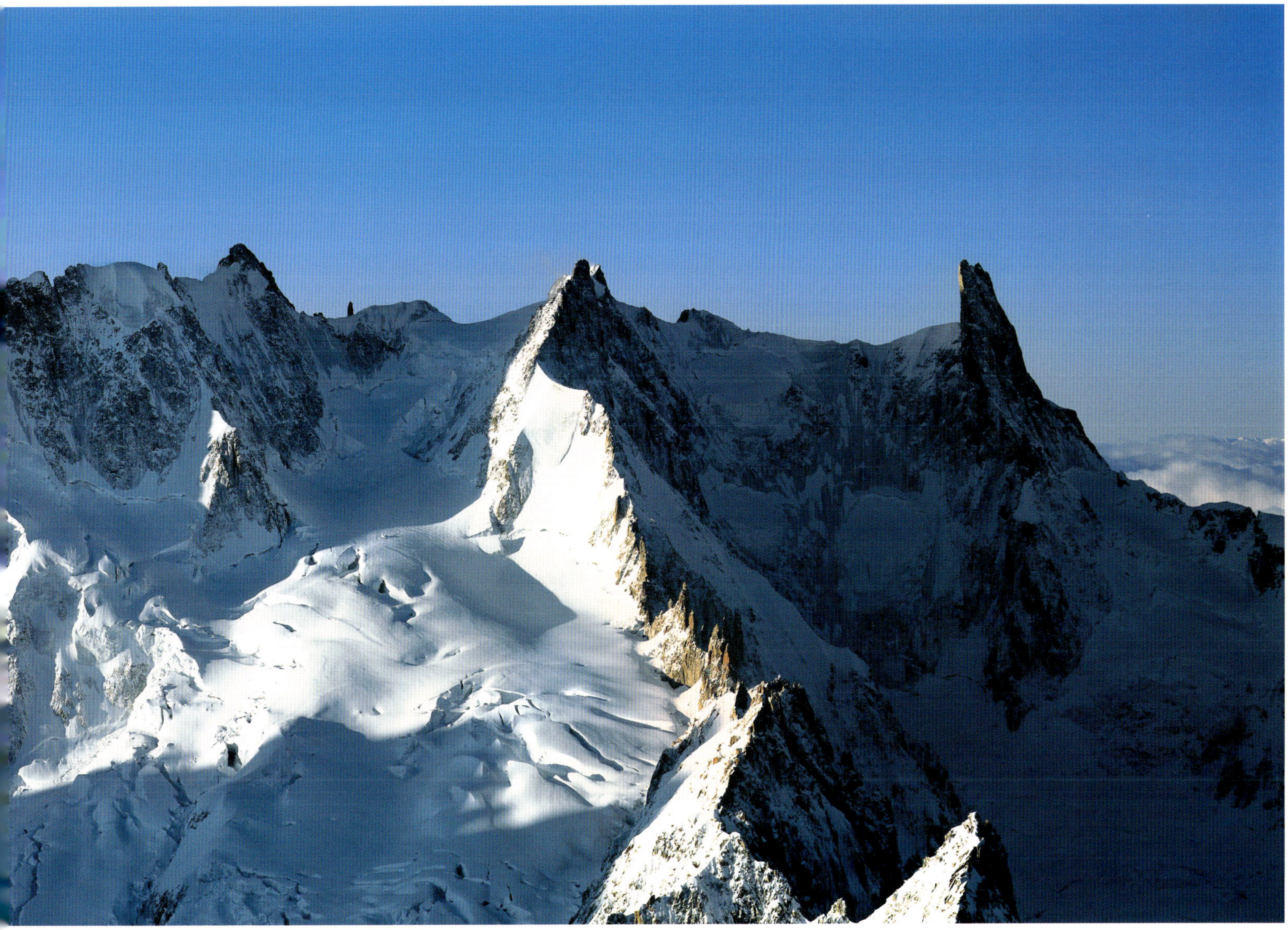

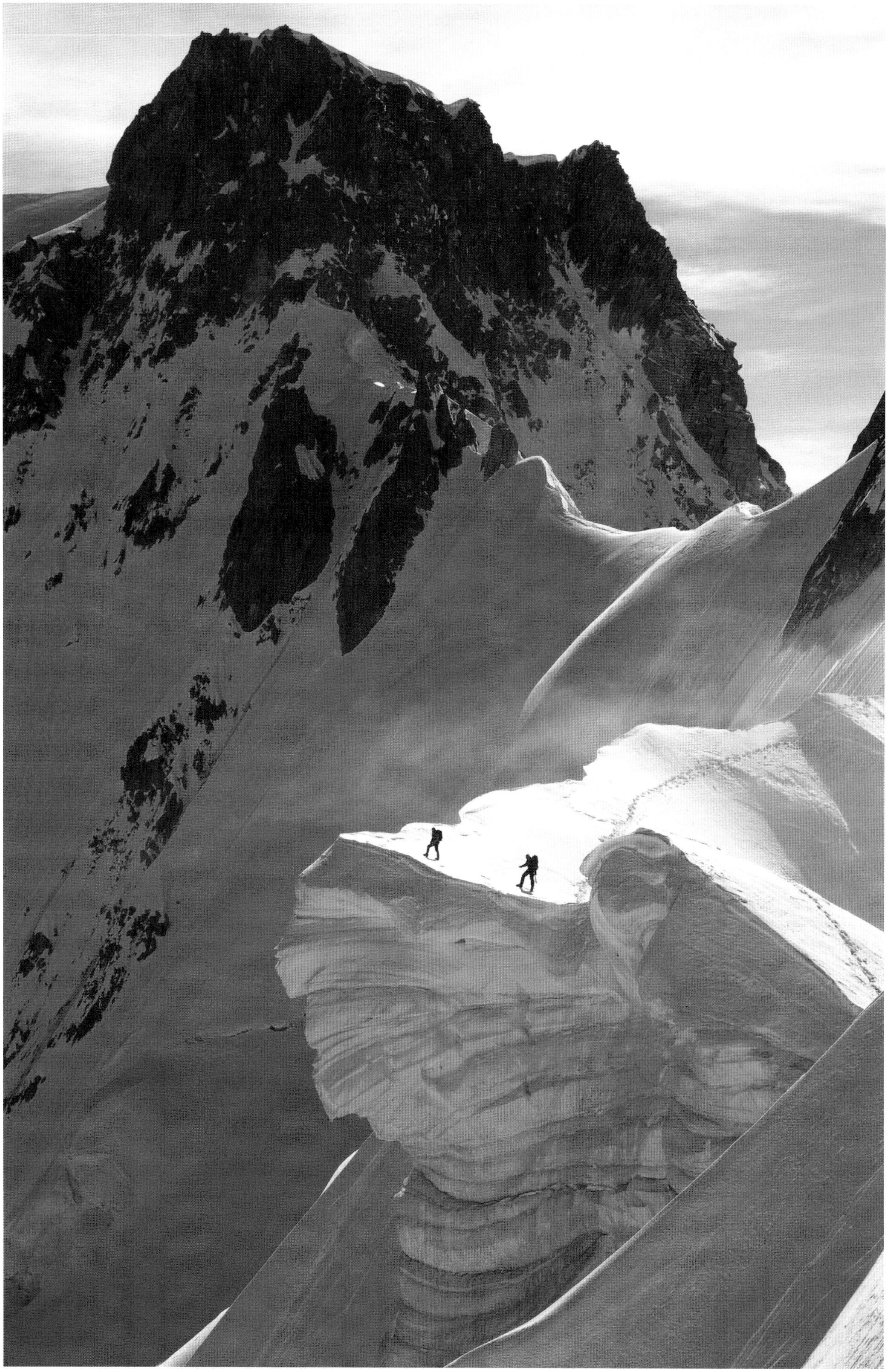

Épée du Tacul, quelques mètres d'escalade pour un grand moment d'éternité.
A few metres of climbing for one of life's great timeless moments, the Epée du Tacul.

Les arêtes de Rochefort sont un chemin damé. Une piste aux étoiles qu'empruntent tous les apprentis.
Sur cette sente d'altitude, ils vont découvrir la magie des premiers 4000 m.

The Rochefort Ridge is like groomed piste. A training ground for apprentices, where they can discover
the magic of one of their first 4000m peaks.

Les Périades, frontière naturelle entre Mer de Glace et Grandes Jorasses. Un repère pour cristalliers et chercheurs de solitude.

Forming a natural barrier between the Mer de Glace and the Grandes Jorasses, the Périades is a landmark for crystal hunters and those in search of solitude.

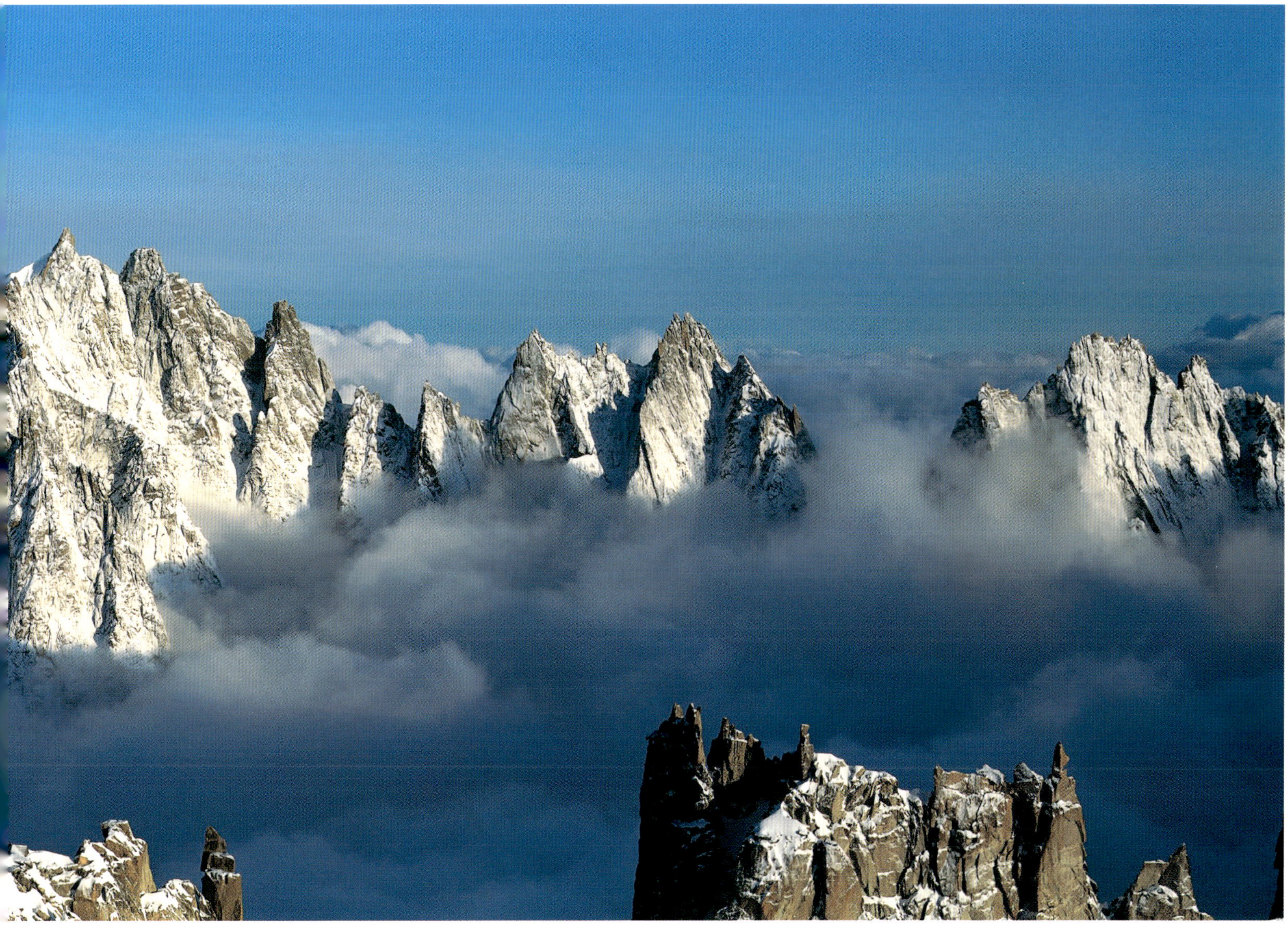

Une dame, trois messieurs et quatre guides choisissent des fusées pour attraper cette pointe de granit. L'idée semble bonne, la réalisation catastrophique. Personne n'avait pensé aux vents qui allaient détourner la corde lancée vers le sommet. Seules des chevilles de fer, des cordes fixes, quelques marches installées par les frères Maquignaz, guides du Cervin, allaient venir à bout de cet ultime défi. Depuis, la Dent du Géant est devenue une haute via ferrata.

A lady, three gentlemen and four guides chose rockets to tackle this granite needle. It was a great idea in theory, but catastrophic in practice. No one had taken account of the winds that diverted the rope fired at the peak. Only bolts, fixed ropes and a few steps installed by the Maquignaz brothers, Matterhorn guides, would finally help conquer this ultimate challenge. Since then, the Dent du Géant has become a high altitude via ferrata.

La Dent du Géant est réputée pour être, en cas d'orage, un paratonnerre. Preuve s'il en est, le trou de 20cm de profondeur de la petite Vierge dû aux impacts de foudre.

The Dent du Géant is famous for being an enormous lightening conductor during storms. A 20cm deep hole from lightening bolts in the little statute of the Virgin Mary is proof of this, if any were needed.

137

Panoramique qui court de la Dent du Géant au versant sud-est du Mont Blanc, en passant par la face sud de l'Aiguille du Midi, pour redonner au cœur du massif sa véritable dimension.

A panorama stretching from the Dent du Géant to the south-east face of Mont Blanc, taking in the Aiguille du Midi, gives a sense of scale back to this the heart of the massif.

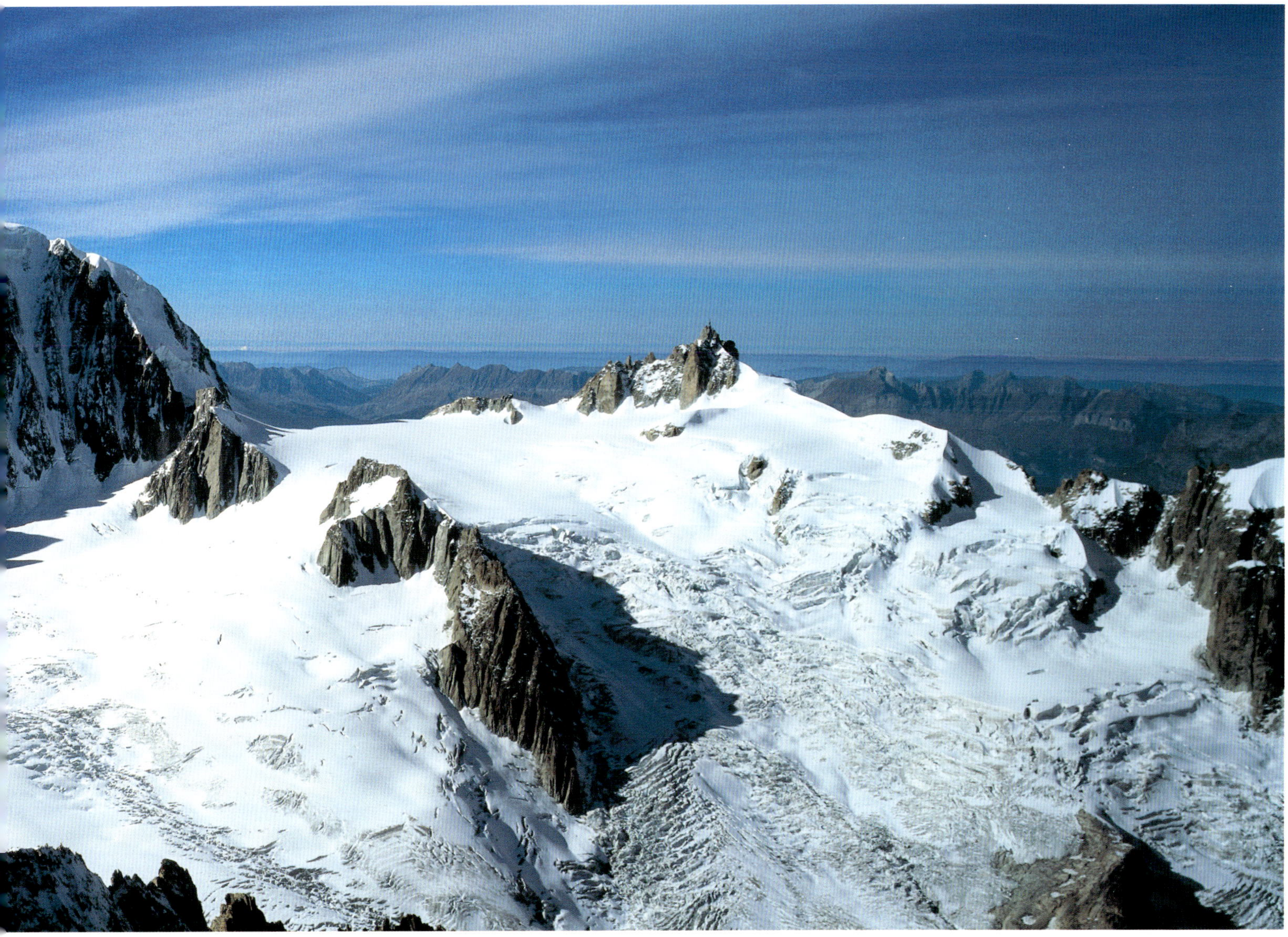

« Je me souviens que gosse, mon père me parlait de Tour Ronde comme d'un belvédère fabuleux. À chaque fois, il mélangeait lumières, face Sud du Mont Blanc, Tacul, et, au loin, l'Aiguille du Midi dans une sorte de cocktail jubilatoire. J'avais du mal à saisir ce flamboiement pour un sommet, somme toute, assez facile. Depuis, j'y ai emmené des dizaines de personnes. A chaque fois, ils en sont revenus illuminés. Mon père avait raison, les belles choses ne sont pas toujours inaccessibles … ». Jean-Paul Démarchi, Compagnie des Guides de Chamonix.

"I remember as a child, my father describing the Tour Ronde as a fabulous vantage point. Every time he talked about it, he mixed up an exhilarating cocktail including the quality of the light, the south face of Mont Blanc, and the Tacul with the Aiguille du Midi in the distance. I didn't understand why he was so keen on this relatively easy climb. Since then, I have guided dozens of people up the mountain. Each time they came back radiant. My father was right, the most beautiful things are not always the most difficult to reach…"
Jean-Paul Demarchi, Chamonix Compagnie des Guides.

Face Nord de la Tour Ronde, une étape pour les alpinistes en quête de technique.

The north face of the Tour Ronde, a climb for alpinists looking to improve their technique.

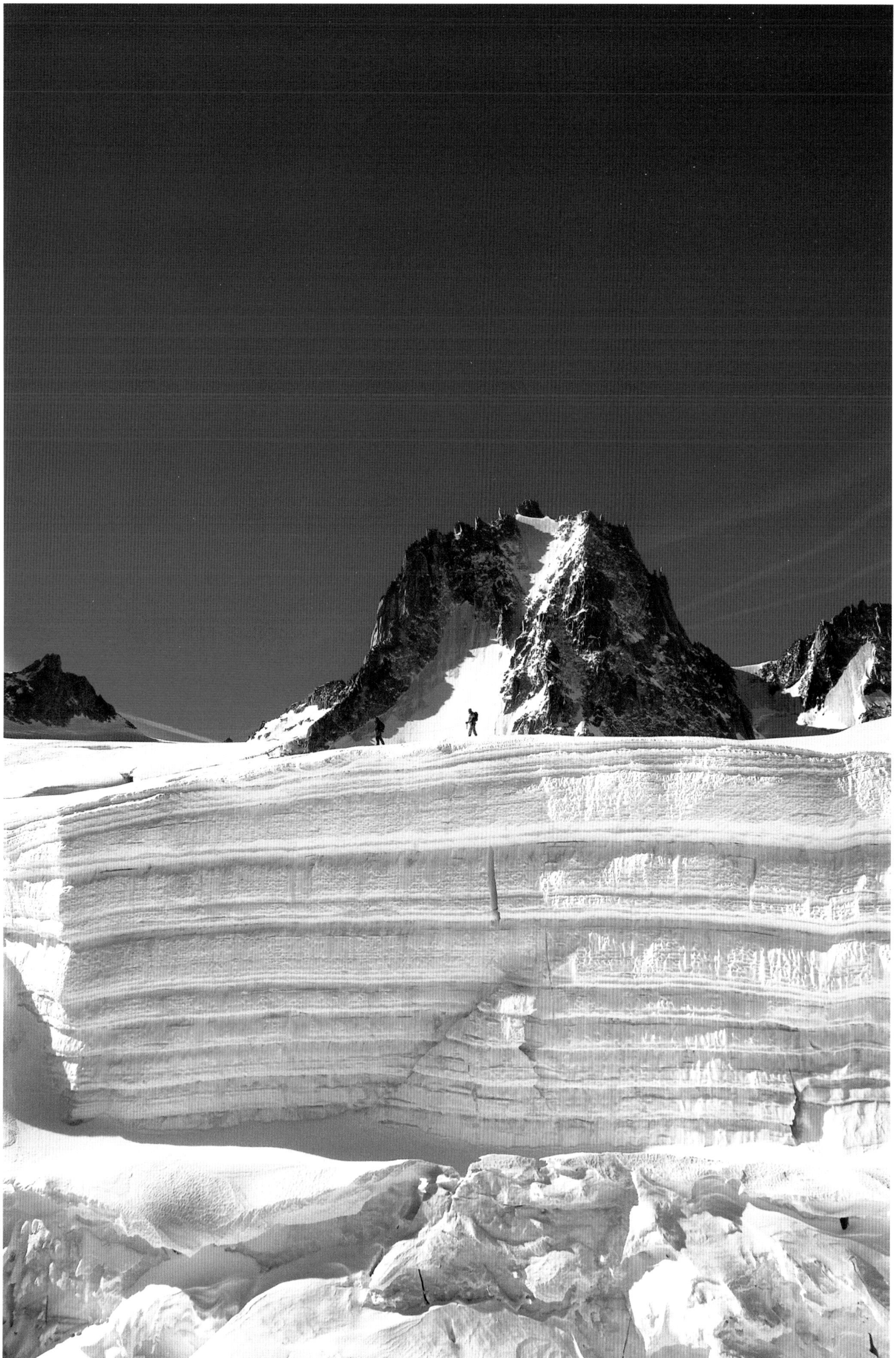

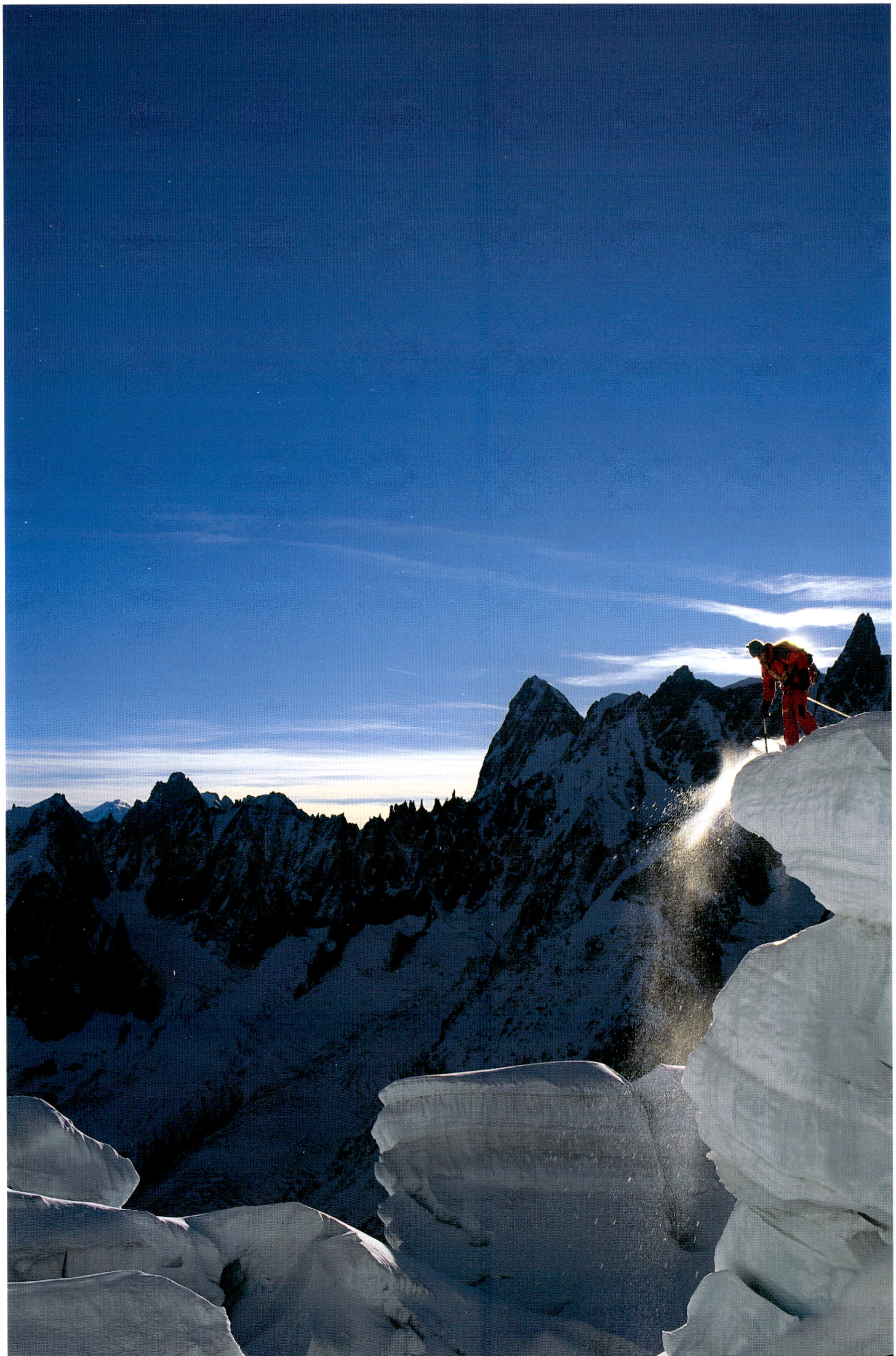

Arête Freshfield, Tour Ronde. Un autre regard sur la Dent du Géant et le haut de la Vallée Blanche.

The Arête Freshfield on the Tour Ronde gives a different perspective on the Dent du Géant and the upper part of the Vallée Blanche.

Pénétrer au coeur de la Vallée Blanche commence d'une drôle de manière. Il faut s'enfiler dans un véritable labyrinthe horizontal où les séracs deviennent les seuls repères.

Entering the heart of the Vallée Blanche requires a curious first step. You have to pick your way through a veritable horizontal maze where the only landmarks are seracs.

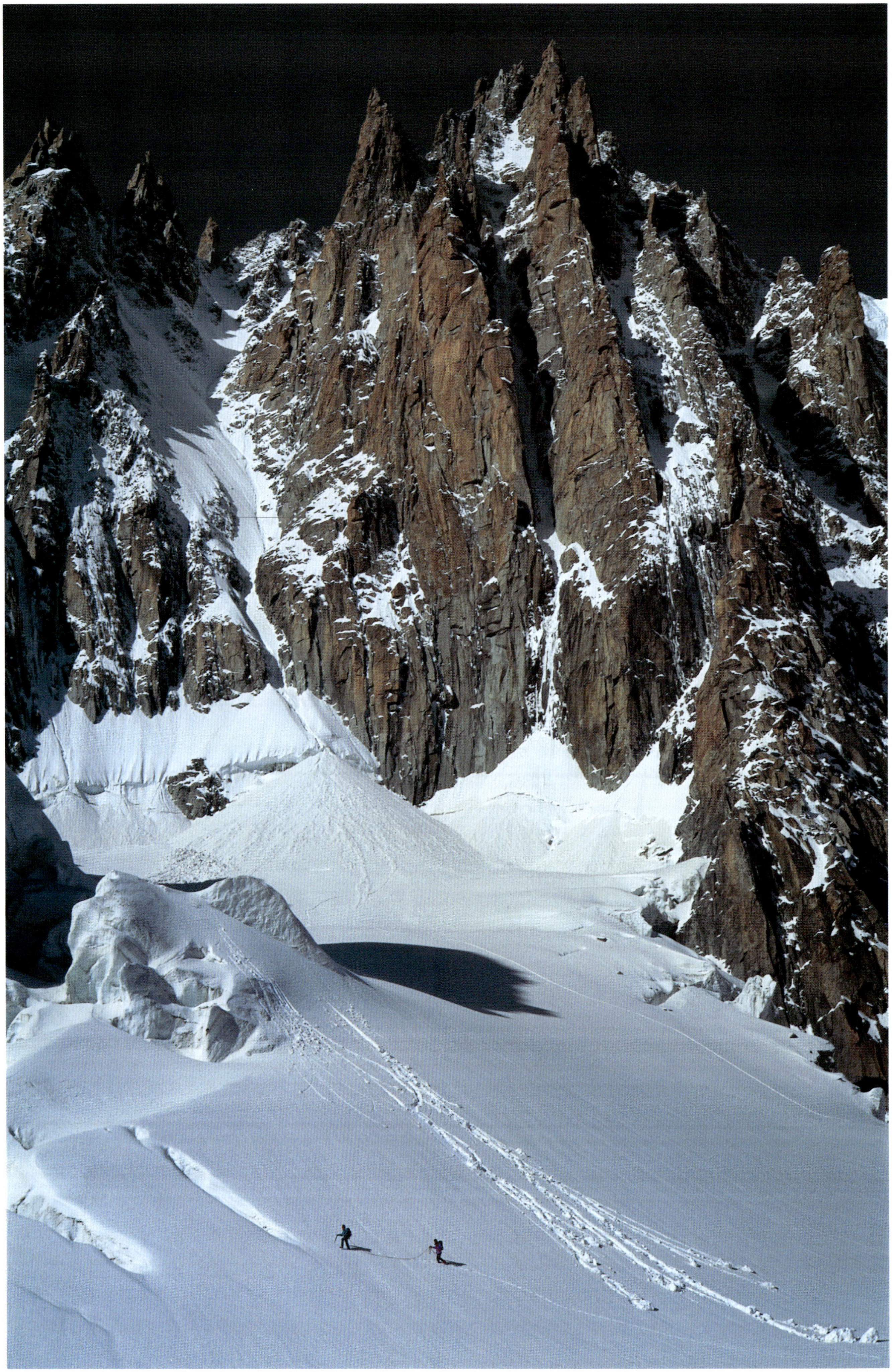

Vue générale de la Vallée Blanche au printemps.

View of the Vallée Blanche in spring.

« Ce pilier Gervasutti, je le voyais comme un jardin de Pierre, rassurant comme un vieux mélèze. On quittait les Cosmiques à l'aube pour s'élever dans les premières cannelures en plein soleil. Très vite, les grands vides nous imprégnaient, je ne sais si le fantôme de Gervasutti traînait par là, mais il y régnait une ambiance particulière, une intimité entre la roche, ses secrets et nos envies… »
Pilier Gervasutti David Ravanel, Compagnie des Guides de Chamonix.

"I saw the Gervasutti Pillar as a garden of rock, like a reassuring old larch tree. We left the Cosmiques hut at dawn to be on the first crack-lines in full sunlight. We very quickly found ourselves swallowed up by the great emptiness, and I don't know if Gervasutti's ghost was hanging around up there but there was peculiar atmosphere, an intimacy between the rock, its secrets and our desires…"
Gervasutti Pillar, David Ravanel, Chamonix Compagnie des Guides.

Au cœur de la Vallée Blanche avant le début de saison. Elle garde encore son allure de glacier alpin sans aucune trace, hormis celles des avalanches.

The heart of the Vallée Blanche before the start of the season. It still has the feel of an Alpine glacier, without a single mark on it except for avalanche debris.

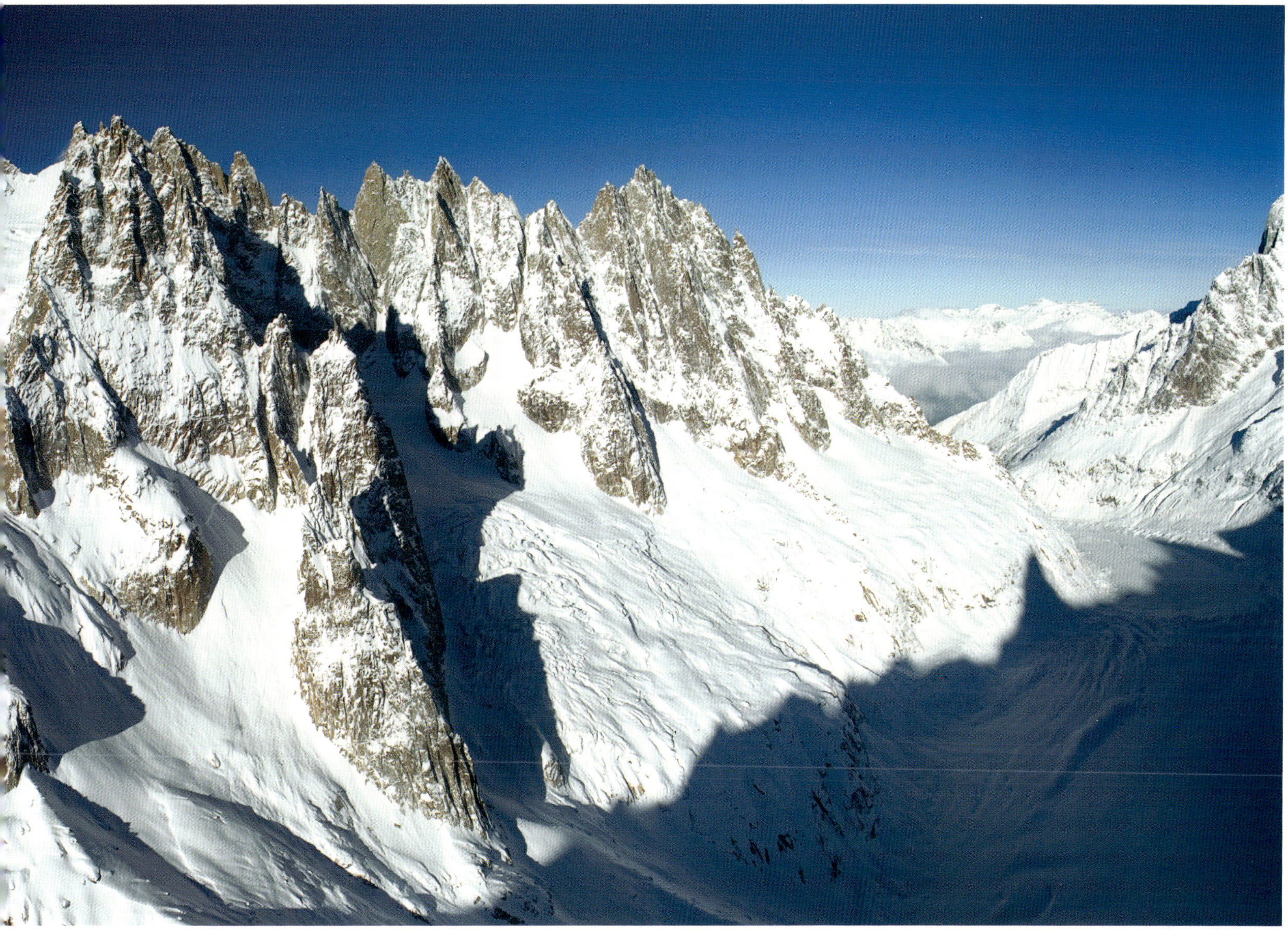

Snowboarder dans le Grand Envers, dans les grandes vagues du Mont-Blanc...

A snowboarder on Mont Blanc's great waves of snow, the Grand Envers.

Les crevasses enseignent à ceux qui les fréquentent l'incertitude. Pas une fois, pas un pas ne se déroule tranquillement. Ces stries monstrueuses signent là leur chemin d'interrogations. Vallée Blanche.

Visitors to crevasses learn about uncertainty. There is no such thing as a carefree step across one. These monstrous streaks scatter question marks in their wake. Vallée Blanche.

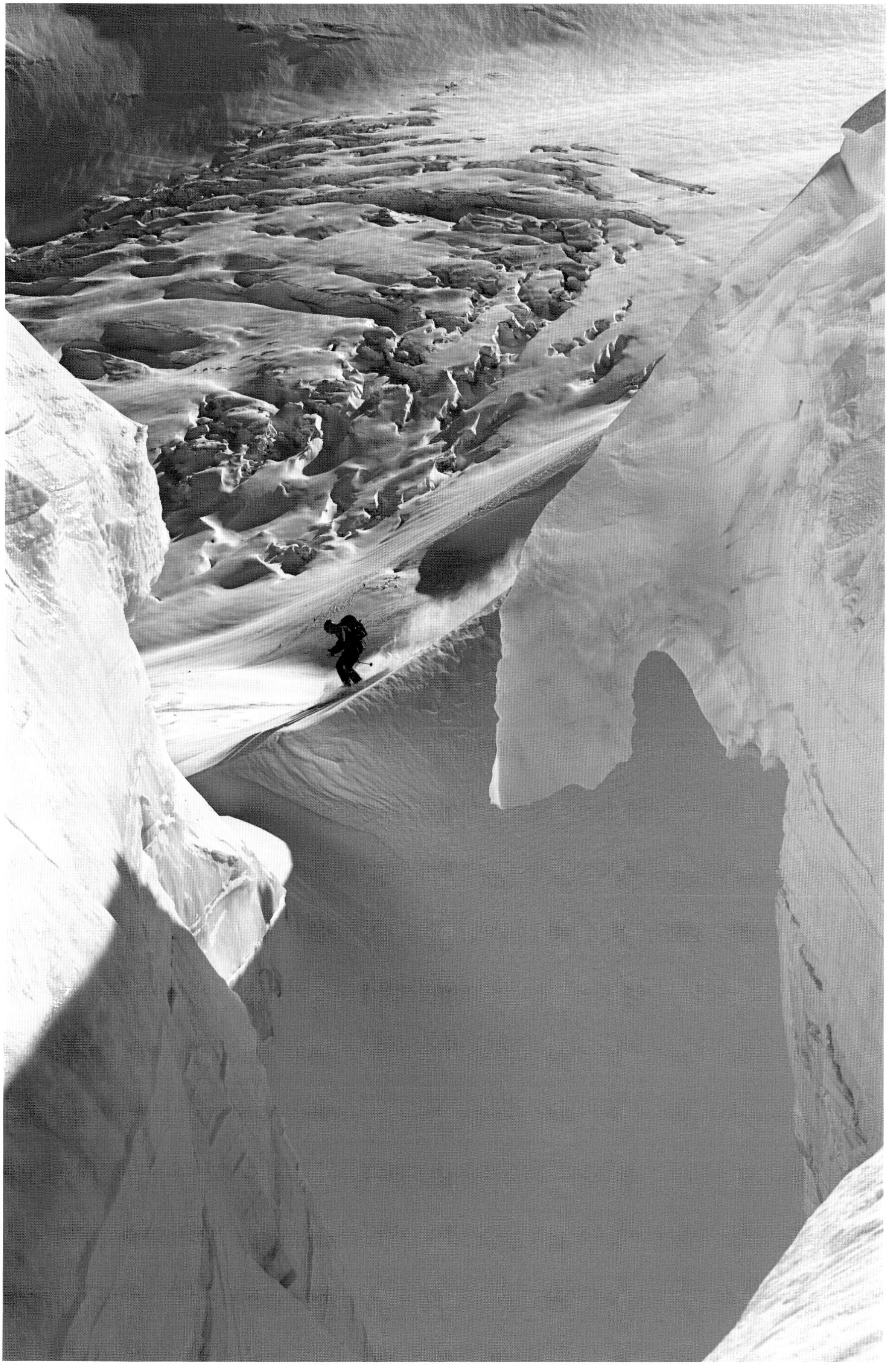

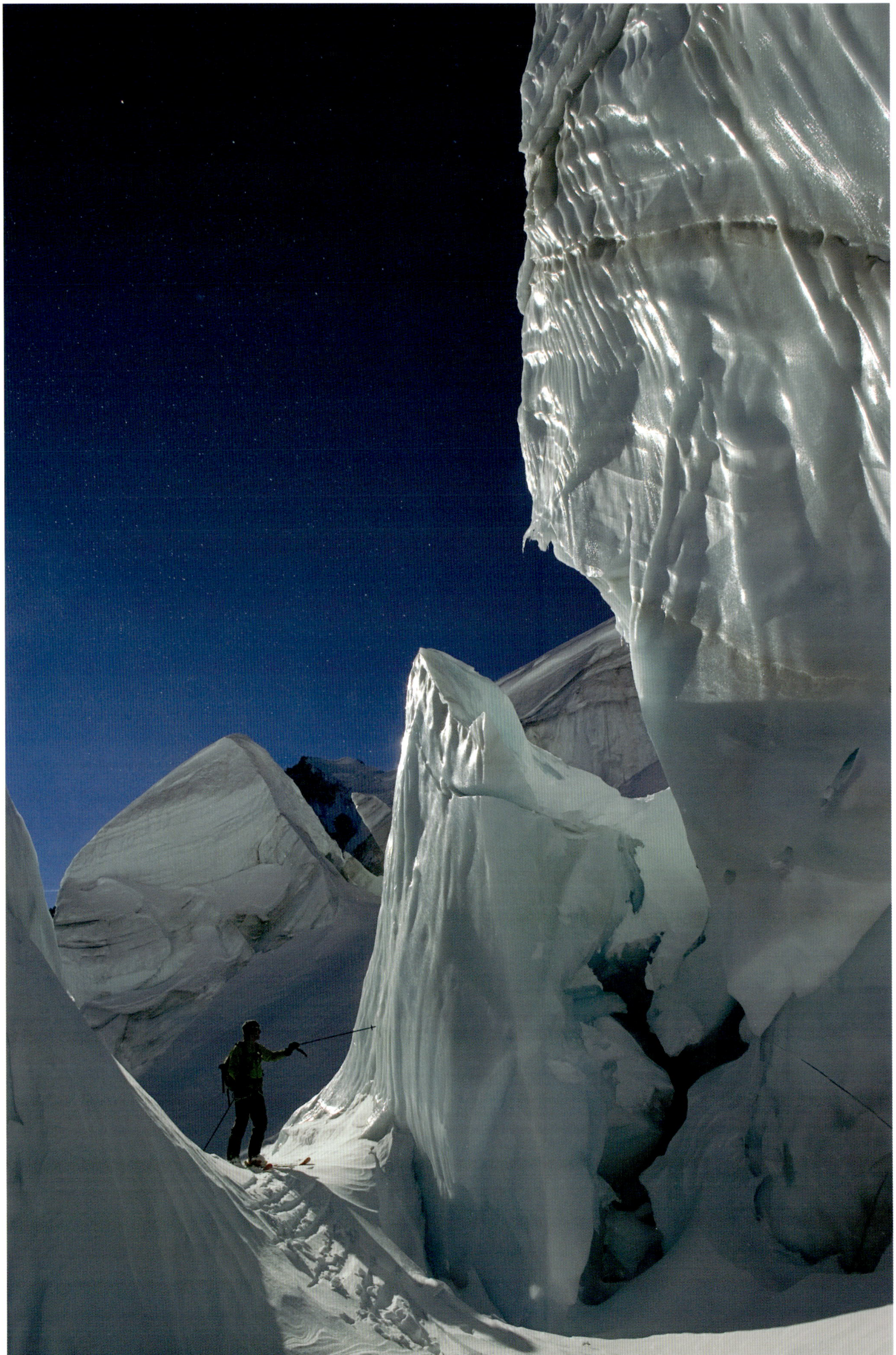

Refuge du Requin, un phare perdu au milieu de la Mer de Glace…
The Requin hut, a lighthouse lost in the middle of the Mer de Glace…

Les glaciers aussi ont leurs tourmentes, ces zones de craquements, de parois et de venelles. Le skieur, parti pour une simple escapade, apprend à chuchoter face à ces sanctuaires bleutés en déséquilibre parfait. Vallée Blanche.

Glaciers also have their torments, areas of cracking and groaning, of vast walls and narrow passages. The skier, on a simple outing, learns to tread lightly in the face of these sanctuaries of unbalanced blue perfection. Vallée Blanche.

Glacier du Géant. Quel que soit le décor, désert, océan ou glaciers, les hommes n'ont qu'une infime place dans ces jeux de la nature.

The Glacier du Géant. Whatever the landscape – desert, ocean or glaciers – men are but dots in nature's great games.

« Les crevasses bougent, changent de place, de forme. Être dans le pays blanc, là où elles sont et là où on ne les voit pas, fourbit et veloute une inquiétude. Personne n'a le loisir de les dénombrer. Vous voudriez donc compter les chutes de l'étoile absinthe ? » Maurice Chappaz, la Haute Route, Ed. Hoëbeke

"Crevasses move, changing place and shape. To be in the land of white, but where you can't see them, only takes the rougher edges off our anxiety. No one has time to count them. Would you like to count shooting stars?" Maurice Chappaz, La Haute Route, published by Éditions Hoëbeke.

153

« La traversée de l'Aiguille du Midi jusqu'à l'Aiguille du Plan n'est pas difficile. Mais partir au lever du jour sur ces silhouettes monochromes, donne du relief à cette course. Des ombres mordantes, des soleils en biseau, les cimes accusent l'équinoxe. Et là-haut, on se sent bien, tout simplement. » Gilles Claret Tournier, Compagnie des Guides de Chamonix.

"The traverse from the Aiguille du Midi to the Aiguille du Plan is not difficult. Yet, you start over monochrome silhouettes as dawn throws the route into contrast, and with biting shadows and bright beams of sunlight the summits reveal the equinox. And quite simply, up there you feel great." Gilles Claret Tournier, member of the Chamonix Compagnie des Guides.

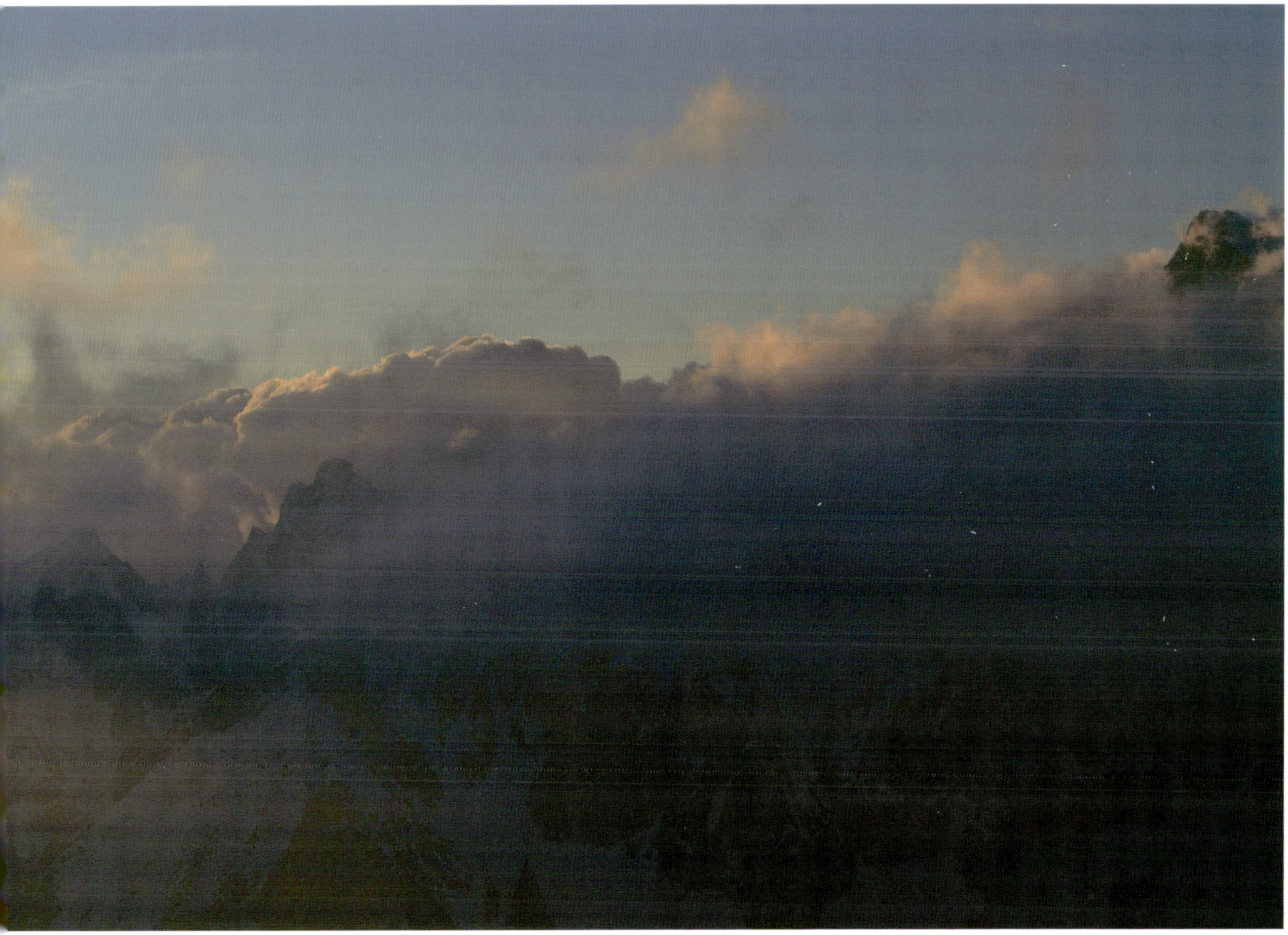

Le glacier de Trient et la face nord des Aiguilles Dorées.
The Glacier de Trient and the north face of the Aiguilles Dorées.

Mont-Blanc
Versant suisse
Mont-Blanc Massif
Swiss side

Plateau de Trient et Orny
Trient and Orny Plateaus

Le Portalet (2823 m)

Aiguilles Dorées (3519 m)

Aiguille du Tour (3544 m)

Col du Tour (3282 m)

Bassin de Saleina
Saleina Basin

Grande Pointe des Planereuses (3151 m)

Petit et Grand Darrey (3514 m)

Grande Lui (3509 m)

Aiguille d'Argentière (3900 m)

Bassin de l'A Neuve
A Neuve Basin

Mont Dolent (3823 m)

Aiguilles Rouges du Dolent (3680 m)

Le Tour Noir (3837 m)

Aiguille de l'A Neuve (3753 m)

Les portes du levant

Plein Est, surplombant le Valais, voici la fenêtre du matin. Ouvrez le jour et c'est tout un secteur un peu oublié qui apparaît. A perte de vue, des montagnes silencieuses qui conservent tranquillement de beaux secrets…

Comme un bout de continent un peu dédaigné, voici les portes du levant. C'est par là que le soleil entame son périple, rallumant l'Est d'un seul éclat. Jardins secrets à peine dévoilés : Saleina, Orny, Trient…
Errer sur ces lieux rudes et solitaires réserve de belles surprises. L'ocre saturé et accueillant des Aiguilles Dorées, le blanc contrasté de ces cols haut perchés, le noir fugitif de sommets oubliés, voilà un autre plateau de ce passage d'en-haut. Et puis on retrouve les cabanes. « Cabane » sonne mieux aux oreilles des voyageurs. D'abord, nous sommes en Suisse sur ce versant qui surplombe le Val Ferret et la vallée de Trient. Et puis « cabane » rappelle une certaine intimité à venir. Elles sont perchées dans les contreforts de ces piliers en équilibre, face aux vallées qui bruissent. Il y règne une ambiance singulière. Quelque part entre la Grande Lui, le Portalet, les Ecandies, elle n'est pas bien difficile à capter. C'est celle d'un monde qui ne se satisfait pas des réalités et qui parfois laisse encore une bonne place à l'imaginaire. Tout au long de la journée, il exhale de cette croûte terreste et glaciaire une odeur d'humanité et de mystères. Au siècle dernier, Emile Javelle, écrivain et alpiniste, s'aventurait, sans guide, dans les méandres de ces vallées suspendues qui lui inspirèrent cette réflexion * : « Le massif de Trient a, pour les amateurs, un autre attrait qui n'est pas moins séduisant : celui de ses solitudes encore si peu explorées. Ce groupe est une suite de déserts de glace, rarement traversés et très peu connus, dominés par de fières aiguilles… et il reste dans ces glaciers et dans les sauvages arêtes qui les enserrent plus qu'une partie encore ignorée, mal dessinée sur les cartes, qu'on n'a guère entrevue que de loin, en passant, et où personne n'a encore eu l'idée d'aller poser les pieds ».
Même les nuages hésitent à franchir les cols de l'Ouest, et à venir troubler la curieuse ordonnance des choses et des monts. Sur cette couture soulignée par des blocs, des dalles, des crevasses, des arêtes, le temps semble s'être suspendu…

The doors of the rising sun

Facing east and overlooking the canton of Valais, this is a window onto the morning. Open it and a somewhat forgotten area appears. As far as the eye can see silent mountains quietly preserve their beautiful secrets…

This is a gateway to the rising sun, some almost forgotten corner of a strange continent. It is here that the sun starts its journey; a single burst lighting up the east. The secret gardens of the Saleina, Orny, and Trient are barely revealed…
Roaming through these rugged, solitary places offers up some pleasant surprises. The welcoming deep ochre of the Aiguilles Dorées, the contrasting white of the high-altitude passes, the fleeting black of forgotten summits, this is a new perspective on the mountains. Then we discover the 'cabanes' or mountain huts. 'Cabane' has an attractive ring to the traveller's ear. Firstly, it reminds us we are in Switzerland, in the mountains overlooking Val Ferret and the Trient valley. The word 'cabane' also has a cosy feel to it. Perched on the buttresses of pillars facing murmuring valleys, they are pervaded by a distinctive atmosphere. It is not hard to sense it, somewhere between the Grand Lui, the Portalet and Ecandies. It has the atmosphere of a world not always satisfied with 'reality', one that leaves room for the imagination. Throughout the day the smell of humanity and mystery pervades the crust of earth and ice. The 19th century writer and mountaineer, Emile Javelle*, ventured alone into these hanging valleys, inspiring him to write that "the Trient range has an added attraction with which to seduce mountains lovers: that of its little explored emptiness. The group is a succession of deserts of ice rarely traversed and hardly known dominated by proud aiguilles… and in its surrounding glaciers and wild ridges remains more than one still-ignored area, badly surveyed on maps, which has only been glimpsed from afar and where no one has yet set foot."
Even the clouds hesitate to cross over the passes to the west, to trouble the curious order of things and the mountains. On this scar hemmed in by boulders, slabs, crevasses and ridges, time seems to stand still…

(*)Emile Javelle, *Mémoires d'un alpiniste*

À plus de 6000 m d'altitude, la barrière qui court de la face nord d'Argentière au Dolent n'en est plus une, elle s'intègre dans le décor de ce massif du Mont Blanc.

Seen from a height of over 6000m, the barrier running from the north face of the Aiguille d'Argentière to the Dolent becomes a single line, part of the backdrop of the Mont Blanc Massif.

Passer de l'ombre au soleil, de l'inconnu à la beauté, tout ça en une fraction de seconde, sans le fracas d'un monde qui bascule. C'est la magie de ces continents d'altitude. La face Nord de l'Aiguille d'Argentière vient juste d'être touchée par ce revirement d'éclairage. Le jour arrive.

To pass in a split second from the shadows into sunlight, from the unknown to beauty without the crash of a world turned upside down; that is the magic of these high continents. New light has just touched the north face of the Aiguille d'Argentière; day is breaking.

Franchir une rimaye, c'est franchir une frontière. Les deux utilisent le même verbe, comme s'il s'agissait d'un pas irréversible. Tous ceux qui partent pour l'arête Gallet au Dolent le ressentent ; le vrai voyage dans la verticale commence à ce moment précis.

Crossing a bergschrund is like crossing a border. Both use the same language, as if they are irreversible steps. All those heading for Mont Dolent's Arête Gallet get a sense of it; and it is then that the real journey into the vertical world starts.

Le Dolent, vu de l'A Neuve, une pyramide presque parfaite dont la face Nord s'enracine au plus profond de la glace.
The Dolent, an almost perfect pyramid whose north face drops down into the depths of the ice, seen from the A Neuve.

163

La Grande Fourche et le Chardonnet vue depuis le versant Saleina.
The Grande Fourche and the Chardonnet seen from the Saleina.

Sous la grande pointe des Planeureuses, le glacier de Saleina, le glacier le plus oriental du massif du Mont Blanc.
The Glacier de Saleina, below the Grande Pointe des Planeureuses, is the most easterly glacier in the Mont Blanc range.

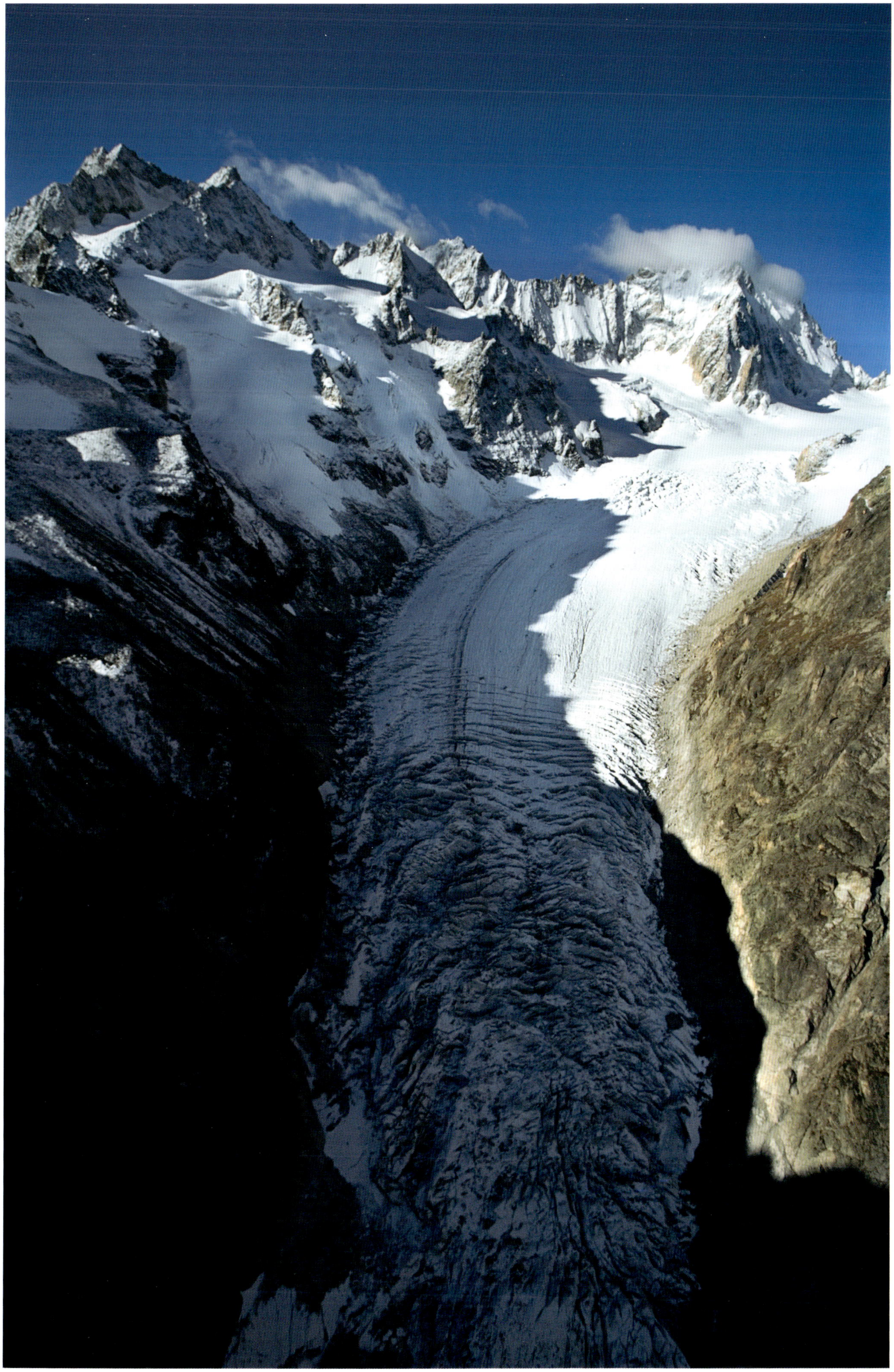

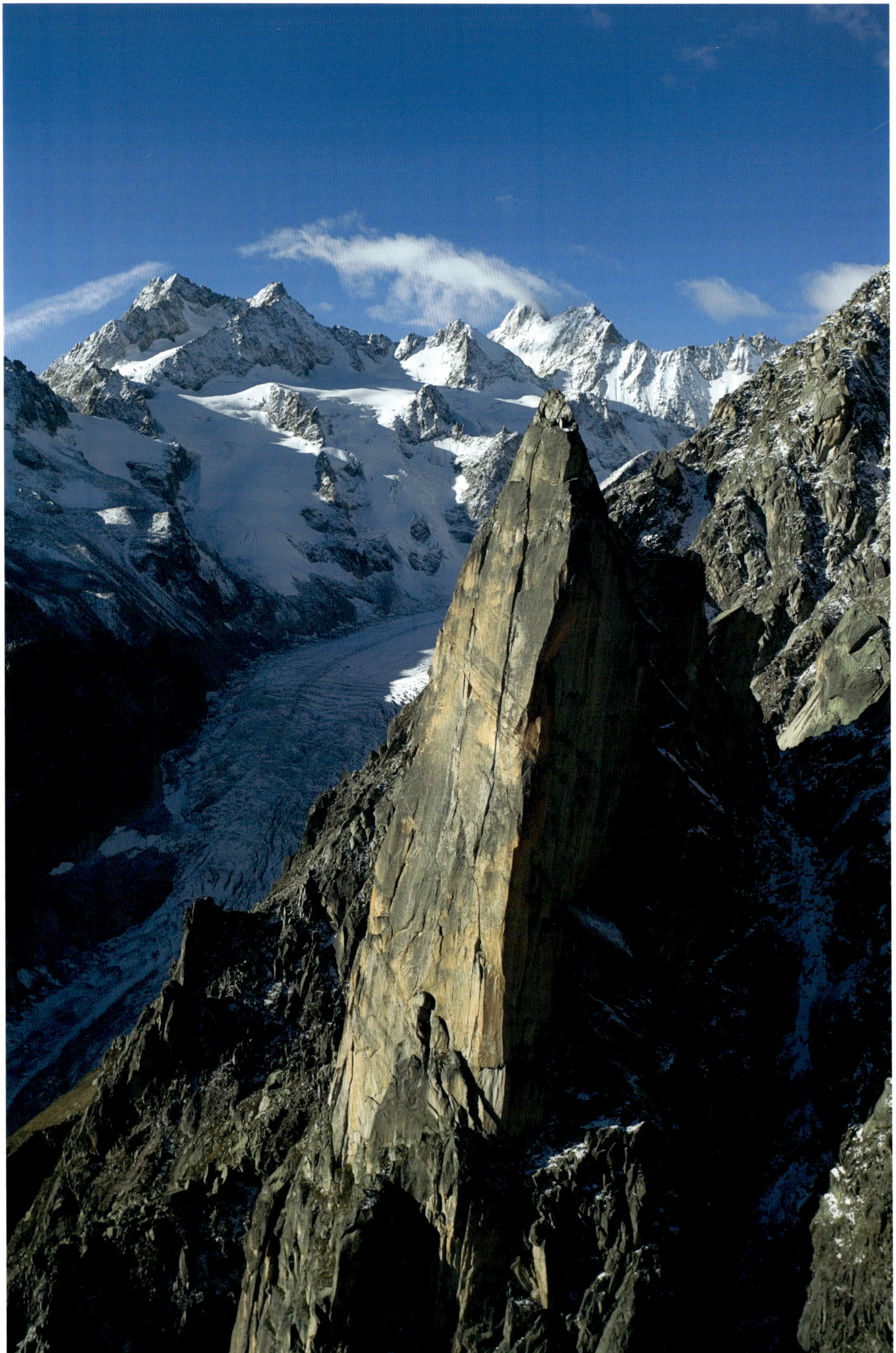

Une paroi obstinée qui a décidé de jouer dans la cour des grands. A défaut d'être la plus haute, elle est devenue ainsi la plus raide. C'est comme cela que le Clocher du Portalet est entré dans l'histoire de l'alpinisme.

A face determined to play with the big boys. Although lacking in height, it can claim to be the steepest and that's how the Clocher du Portalet entered the mountaineering history books.

Face sud des Dorées, un paradis pour les grimpeurs avec un petit bivouac de rêve.

The south face of the Dorées, a climber's paradise with a dream bivouac site.

Au sommet de la Grande Lui, un alpiniste assiste au lever du jour sur les montagnes valaisannes…

A climber on the summit of the Grande Lui watches the sunrise over the Valais Alps…

Face est du Tour Noir. Un peu oublié aujourd'hui, fréquenté autrefois par les vieux guides qui ressemblaient à des pirates.

The east face of the Tour Noir doesn't see many visits now but used to be the haunt of old climbers who looked more like pirates than guides…

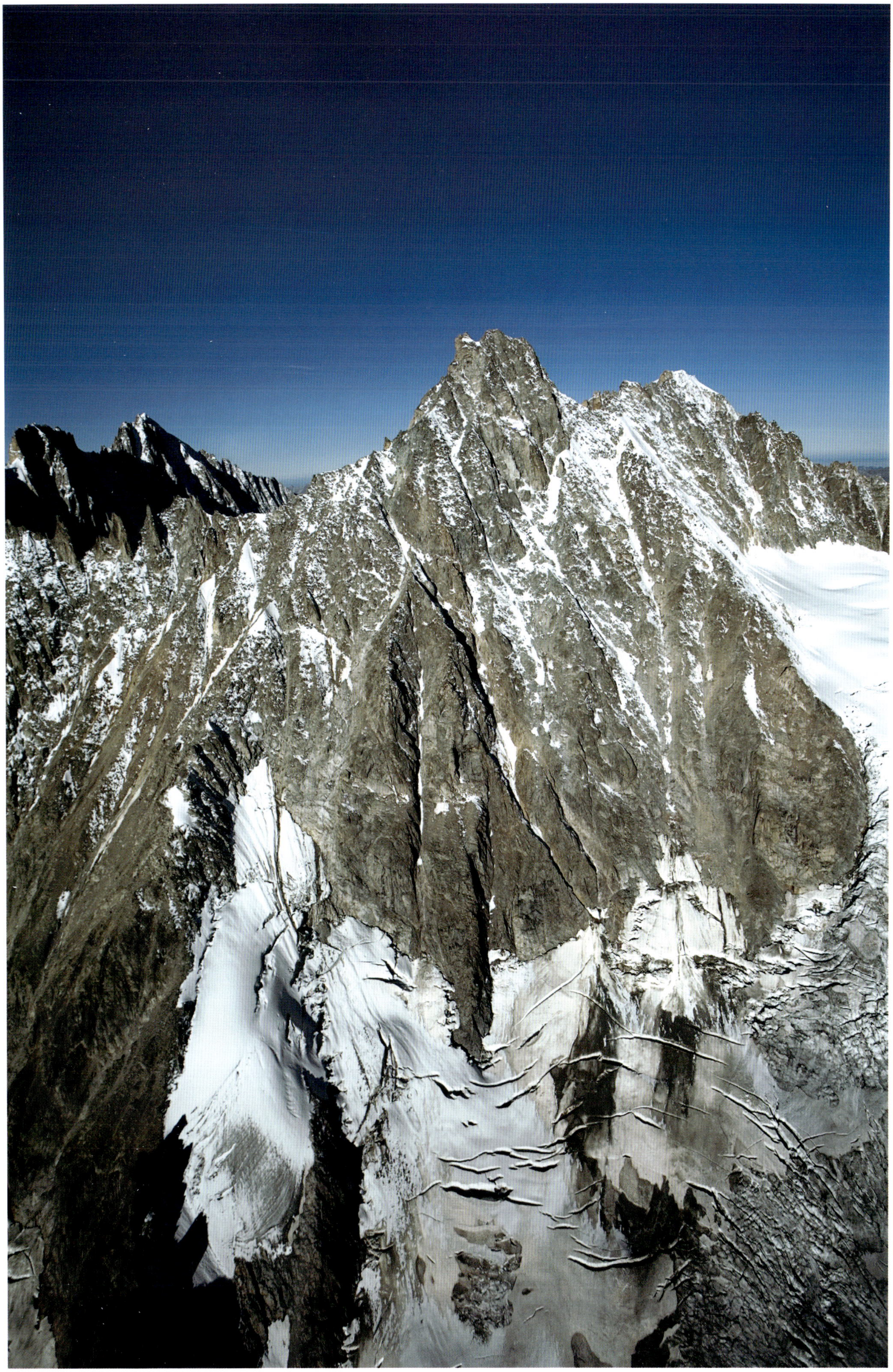

Le versant suisse des Aiguilles du Tour. C'est par là que de nombreux alpinistes ont commencé leur carrière...
The Swiss side of the Aiguilles du Tour, where numerous climbing careers were begun...

Aiguille de l'Amône, un bijou perdu dans le cirque de l'A Neuve et descendu, entre autre en surf extrême.
The Aiguille de l'Amône is a real gem hidden in the A Neuve cirque, which has seen, among other things, an extreme snowboard descent.

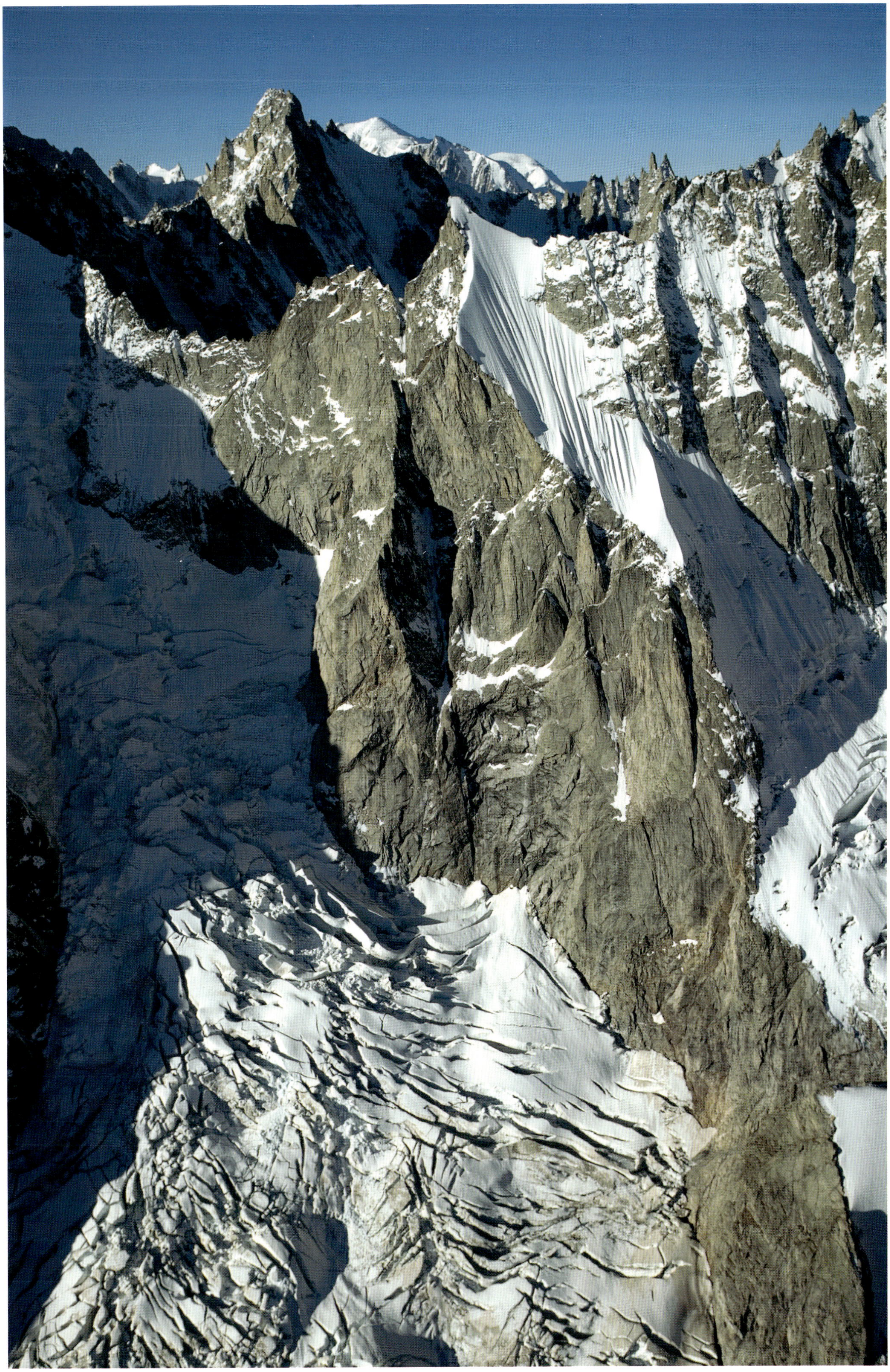

On va toujours vers ces montagnes qui donnent de l'allure au fond du ciel. Le cirque de Saleina avec l'Aiguille d'Argentière, le Tour Noir ou les Planereuses, sommets d'Est, sont les premières à participer à cette mise en scène.

We are drawn to these mountains that add character to the background of sky. The Saleina cirque with the Aiguille d'Argentière, the Tour Noir and the Planereuses, all eastern summits, are the first to take their cues.

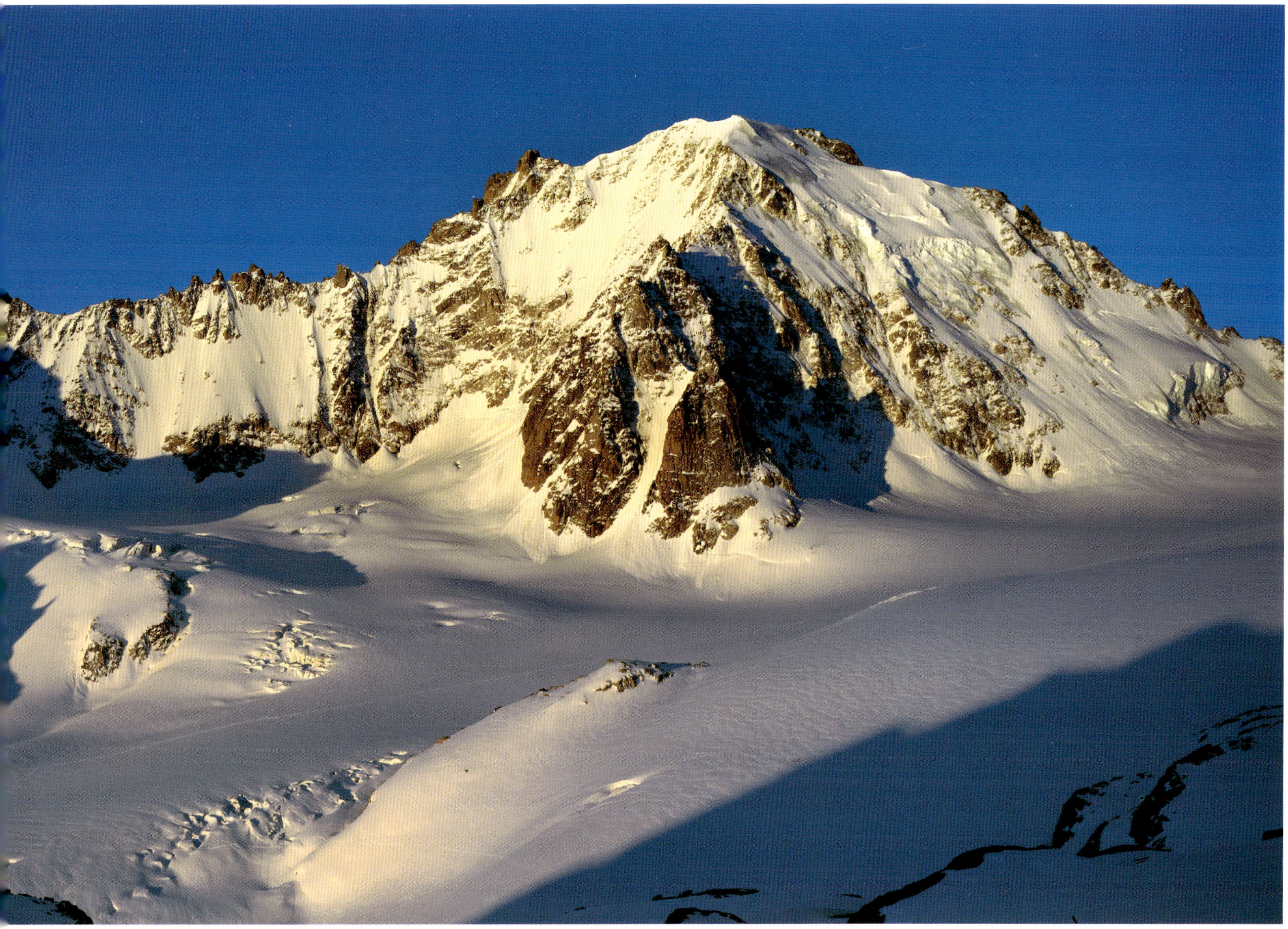

Aiguille du Chardonnet, glacier d'Argentière, Droites, Aiguille Verte, un pays de glace et de roc.
The Aiguille du Chardonnet, Glacier d'Argentière, Droites and the Aiguille Verte, a land of rock and ice.

Bassins du Tour et d'Argentière
Le Tour and Argentière Basins

Le Tour

Aiguille du Chardonnet (3824 m)

Petite Fourche (3520 m)

Aiguille de la Fenêtre (3429 m)

Aiguille Purtscheller (3478 m)

Aiguille du Tour (3544 m)

Argentière

Aiguille d'Argentière (3900 m)

Le Minaret (3450 m)

Le Yatagan (3510 m)

Tour Noir (3837 m)

Mont Dolent (3823 m)

Aiguille du Triolet (3870 m)

Les Courtes (3856 m)

Les Droites (4000 m)

La Grande Rocheuse (4102 m)

Aiguille Verte (4121 m)

De glace et de roc

Deux bassins grandioses, deux glaciers pour deux villages, Le Tour et Argentière. Gendarmes de granit, faces Nord himalayennes, voilà le soleil enchanteur opposé à l'austérité de l'ombre. A la fois septentrionaux et méridionaux, ces deux bassins sont le mariage subtil de l' hiver et de l'été.

Deux vallées suspendues comme partagées entre l'envie de glisser vers Argentière et Le Tour et le désir de conserver ce souffle de la haute altitude. Deux mondes qui assument sans cesse leur dualité.
Comme si les grandes faces Nord ne cherchaient pas à s'opposer aux parois du Sud. Comme si les versants Ouest venaient compléter les pentes orientales. Ici les bassins glaciaires possèdent une identité propre, différente du reste du massif.
La face Nord des Droites, paquebot pesant et ancré dans les glaces, accepte ainsi sans difficulté l'union avec un Yatagan, déjà placé sous le signe de l'exotisme.
Bien sûr, il reste cette face envoûtante de la Verte, ce régal de Courtes pas si courtes que cela, cette arête Forbes du Chardonnet. Mais ce pays n'aime pas les choix définitifs. Restent pour départager parfois les styles, des sommets magiques, un peu intemporels comme le Dolent, le Tour Noir. Là-bas, le vagabondage ressemble encore à une chasse au trésor. Pas une quête pour les érudits du marteau et de la « barre à mine », ceux-là se dirigeront vers les fours à cristaux des Droites. Plutôt une errance incertaine où parfois, sous les doigts, apparaissent des quartz fumés, des fluorines, la richesse secrète et préservée d'un massif venu des profondeurs…
De la dérive des étoiles jusqu'à cette arête étincelante, il n'y a qu'une continuité, comme de la vallée à la montagne. En prenant une règle, il est facile de tracer des traits adroits qui s'en viennent rejoindre les alpages, les refuges puis les pics et le sommet lui-même. Ces lueurs que l'on entrevoit, au matin, sur les versants teintés par l'Est, il faut un jour les dépasser, les conquérir comme des lampes témoins à allumer tôt ou tard. Dans ces deux bassins, la tentation est facile.
Ouvrir, saisir, remonter, et au bout des glaciers, dominant sur le bas et qui finissent pourtant par desserrer leur étreinte, ces montagnes Ying ou Yang, obscures ou claires, masculines ou féminines, se conjuguent avec éblouissement…

Rock and ice

Two imposing basins, two glaciers for two villages: Le Tour and Argentière. Granite gendarmes, Himalayan north faces, the enchantment of the sun at odds with the austerity of the shadows. Both northern and southern in aspect, these two basins are the subtle union of winter and summer.

These two hanging valleys are torn between the desire to slide down to the villages and stay in the fresh air of altitude, two worlds living out their duality day to day.
As if the great northern faces are not in conflict with the southern walls and the western sides complete the eastern slopes, these glacial basins have their own identity, separate from the rest of the range.
The north face of the Droites, a mighty liner anchored in the ice, accepts its union with the exotic Yatagan without complaint.
Of course, there is always the captivating face of the Verte, the delightful Courtes that are not as small as their name suggests ('court' means short) and the Forbes Arête on the Chardonnet. Yet up here it's not about final, permanent choices. Magic somehow timeless peaks, like the Dolent or Tour Noir, define the style. Roaming around up here is like a treasure hunt but not a hunter's quest with hammer and crowbar, that is for the Droites and their crystals. It is a more uncertain voyage, where smoked quartz and fluorspars occasionally appear under your fingertips, the range's secret preserved riches coming up out of the depths…
The shining ridge is merely a continuance of the drifting stars, as are the mountains from the valley. It is easy to draw a line with a ruler up to the alpine meadows, the huts, the peaks and their summits. The glow we observe in the morning, the slopes coloured by the east, must sooner or later be crossed and conquered like turning on so many little lights. In these two basins it is hard to resist the temptation.
Open up, grasp, climb the mountains at the head of the glaciers, as they survey all below them and eventually loosen their embrace, these mountains of Ying and Yang, of darkness and light, male and female, come together in a dazzling blend…

Pointe Lagarde, Aiguilles rouges du Dolent.

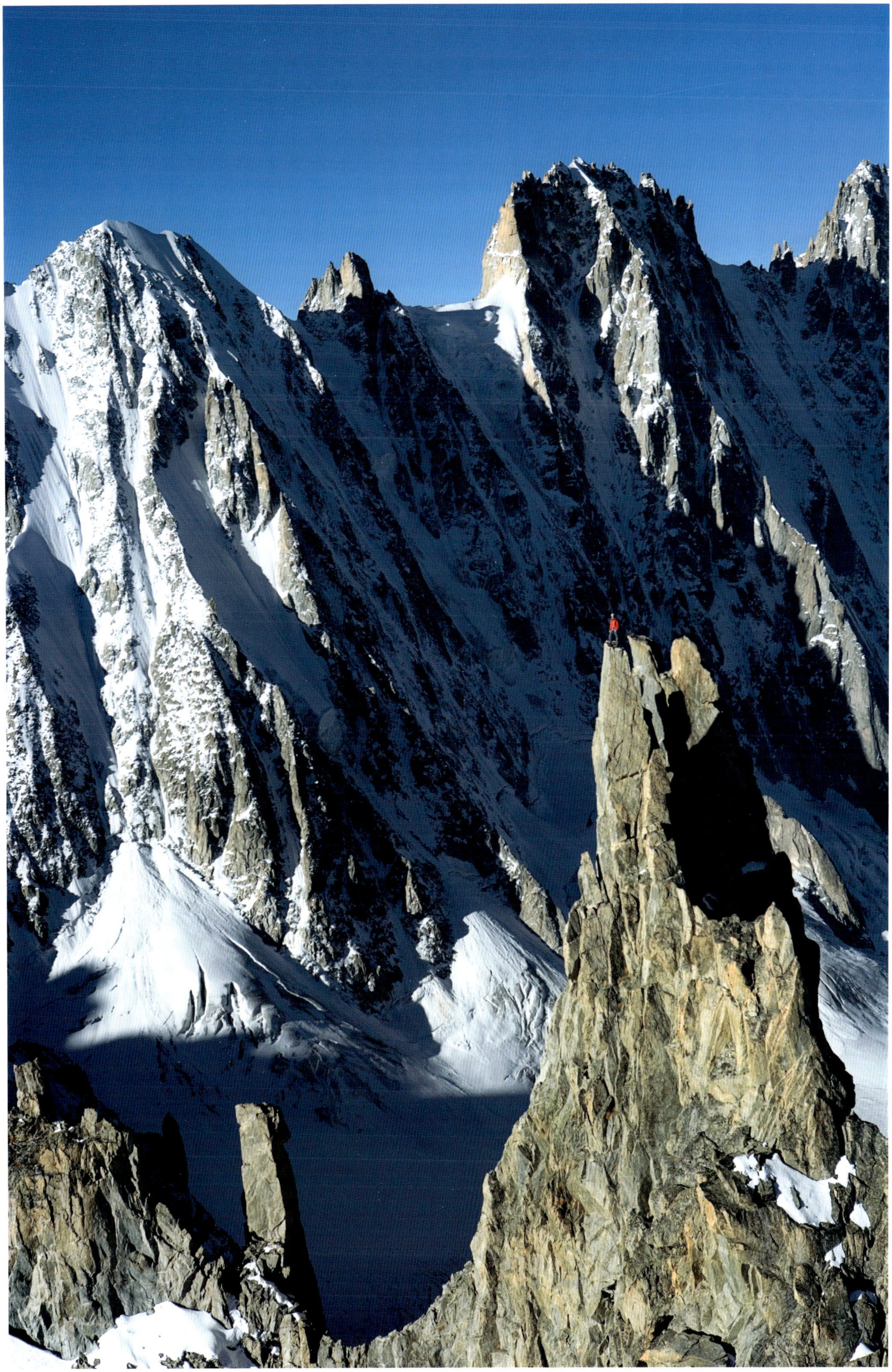

Cirque d'Argentière, bastion des grandes faces nord qui court de l'Aiguille Verte, en passant par les Droites, les Courtes et tout au fond le Triolet.

The bastion of great north faces in the Cirque d'Argentière runs from the Aiguille Verte via the Droites and the Courtes up to the Triolet at the end.

« Le sommet de l'Aiguille Verte est un magnifique belvédère. Sur cette montagne, il n'y a pas d'itinéraires faciles, chaque voie réclame techniques, motivation et patience mais arrivé là-haut le Mont Blanc se découvre dans toute son intimité et toute sa splendeur ».
Philippe Magnin, guide, professeur à l'Ensa.

"There are magnificent views from the summit of the Aiguille Verte. There are no easy routes on the mountain and each one requires technique, determination and patience, yet when you reach the top, Mont Blanc reveals itself in all its splendour and intimate details."
Philippe Magnin, guide, teacher at Ensa.

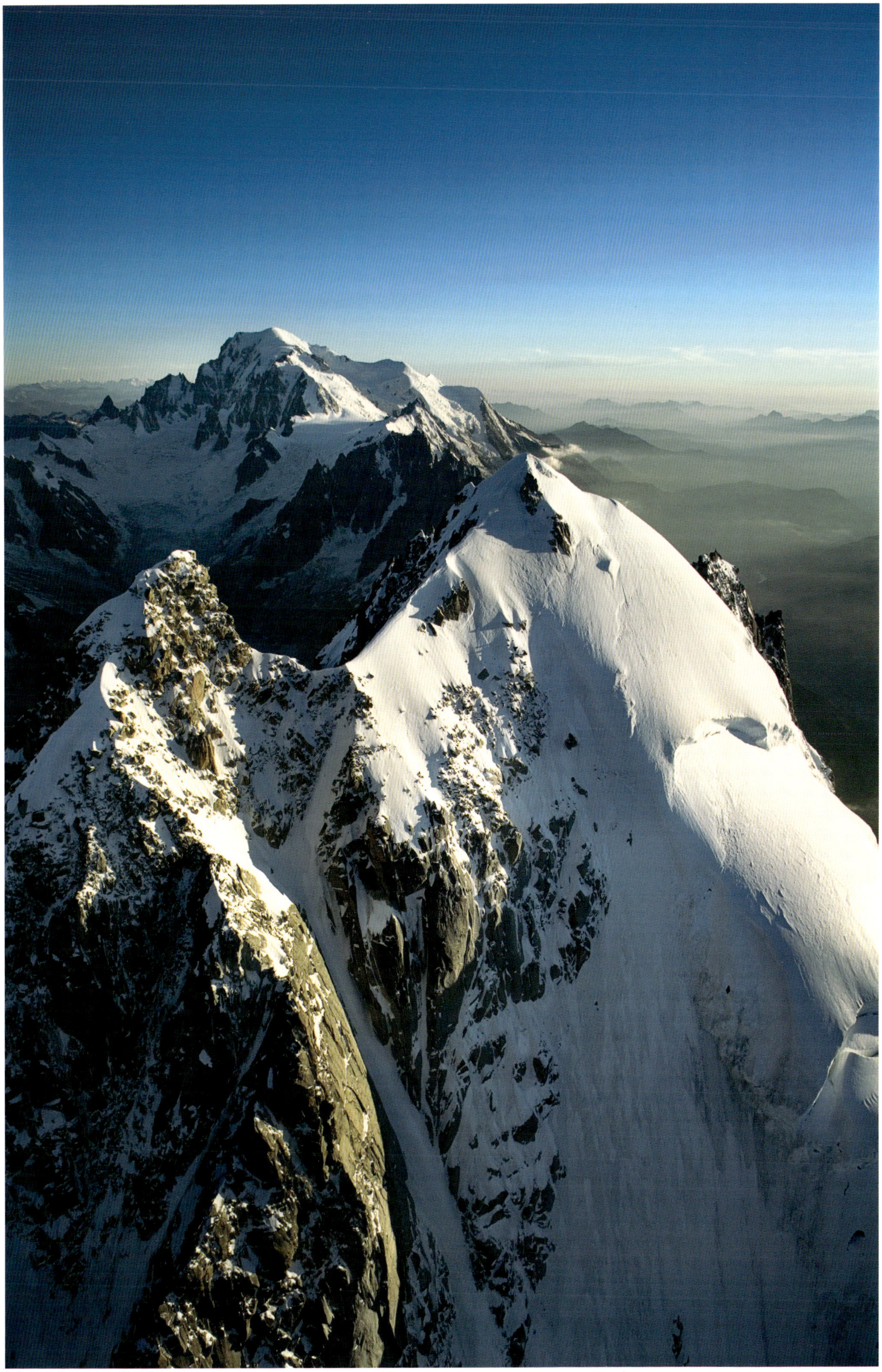

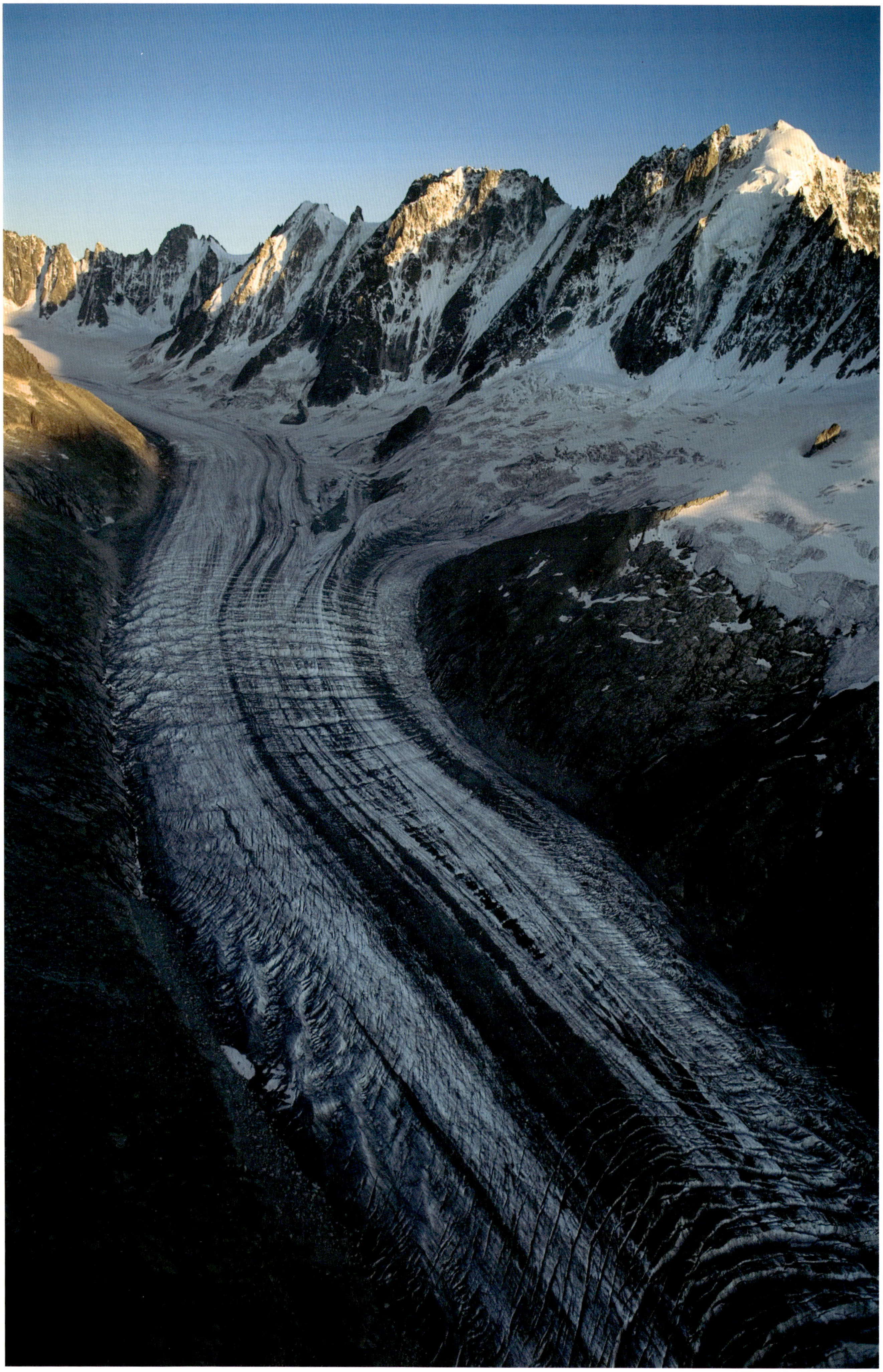

Aller au col de la Grande Rocheuse, c'est peut-être partir en pèlerinage à la rencontre de ces histoires émouvantes qui unissent pour toujours des sommets et des hommes. Ce col dépouillé et aérien rappelle cette étrange affection qui pousse les hommes à se frotter au froid, à peiner dans la neige et le roc. Armand Charlet, chevalier de la Verte, est monté cent fois là-haut, ouvrant par la même occasion, huit nouvelles voies.

Climbing up to the Col de la Grande Rocheuse is a little like a pilgrimage, reliving the powerful stories that have always united men and the mountains. This barren and exposed pass is a reminder of the odd attraction, which pushes men out into the cold, into a struggle with snow and rocks. Armand Charlet, master of the Aiguille Verte, reached the summit a hundred times and put up eight routes on it while he was at it.

Le glacier d'Argentière, de plus en plus sec, confirme comme les autres glaciers du massif, les changements climatiques. En plein été, vu du ciel, il paraît gris et sale.

The Glacier d'Argentière is getting smaller and smaller and, like other glaciers in the massif, provides evidence of climate change. Seen from above in the summer, it looks grey and dirty.

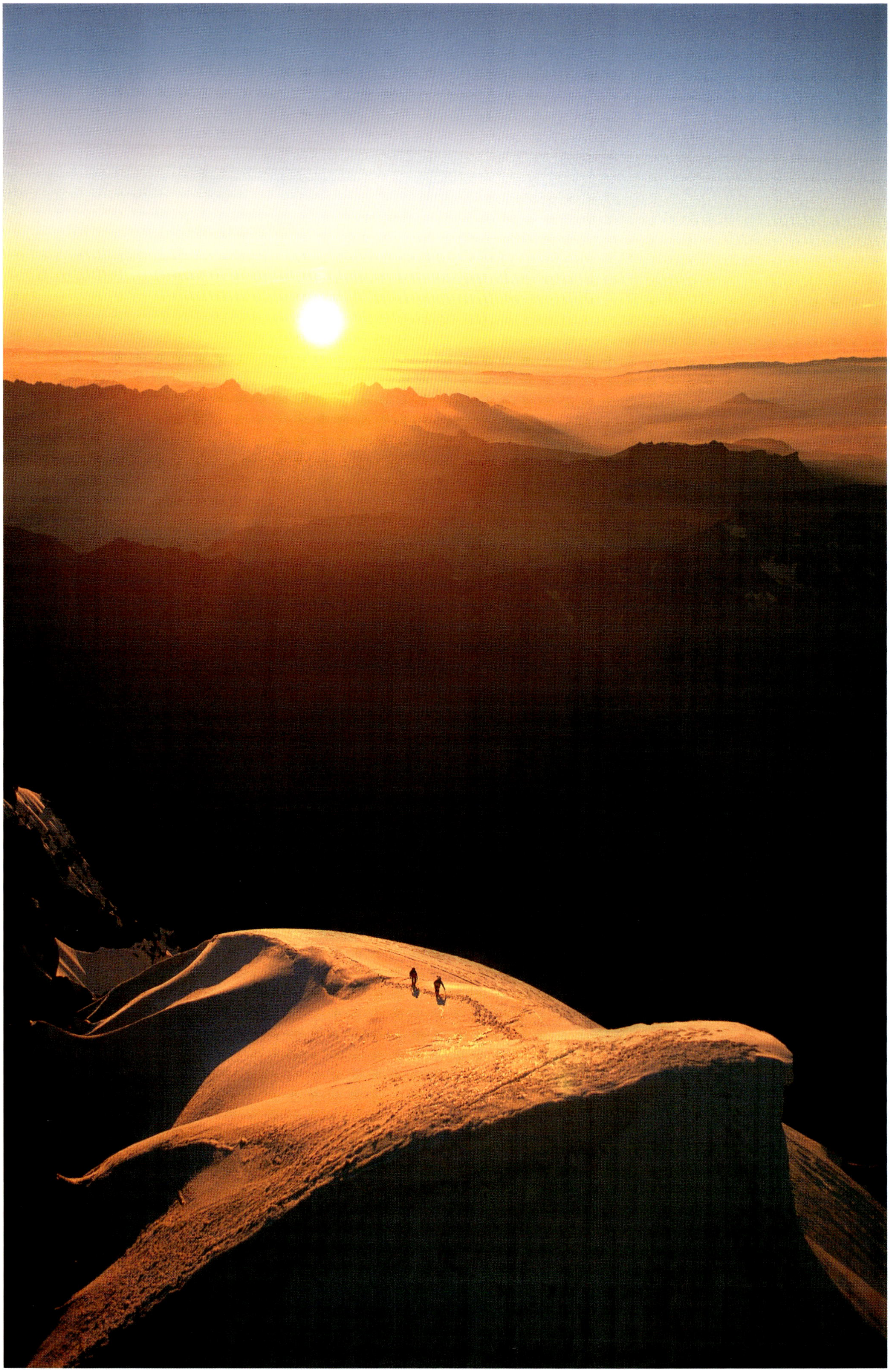

« À la Verte, on devient montagnard ». L'expression est toujours aussi actuelle. Et aujourd'hui encore, remonter cette Grande Rocheuse pour rejoindre la calotte de la Verte nécessite un engagement physique et mental.

"Climb the Verte and you become a mountaineer." The adage is still true today. And nowadays climbing the Grande Rocheuse to reach the Verte's cap of snow still requires the total commitment of mind and body.

Venues de Talèfre, rejointes par celles d'Argentière, des cordées se retrouvent sur un simple périmètre perché à 4121 m, c'est le sommet de l'Aiguille Verte.

Climbers from the Talèfre side are joined by others coming from the Argentière side and meet on a small patch of snow perched at 4121m, the summit of the Aiguille Verte.

Aiguille Verte, Nant Blanc, versant dans l'ombre. L'une des premières vues sur ce monde intérieur. Une des grandes faces qui a marqué l'histoire de l'alpinisme.

The Aiguille Verte with the Nant Blanc face in shadow. A first glimpse of this interior world. One of the great faces that has left its mark on the history of mountaineering.

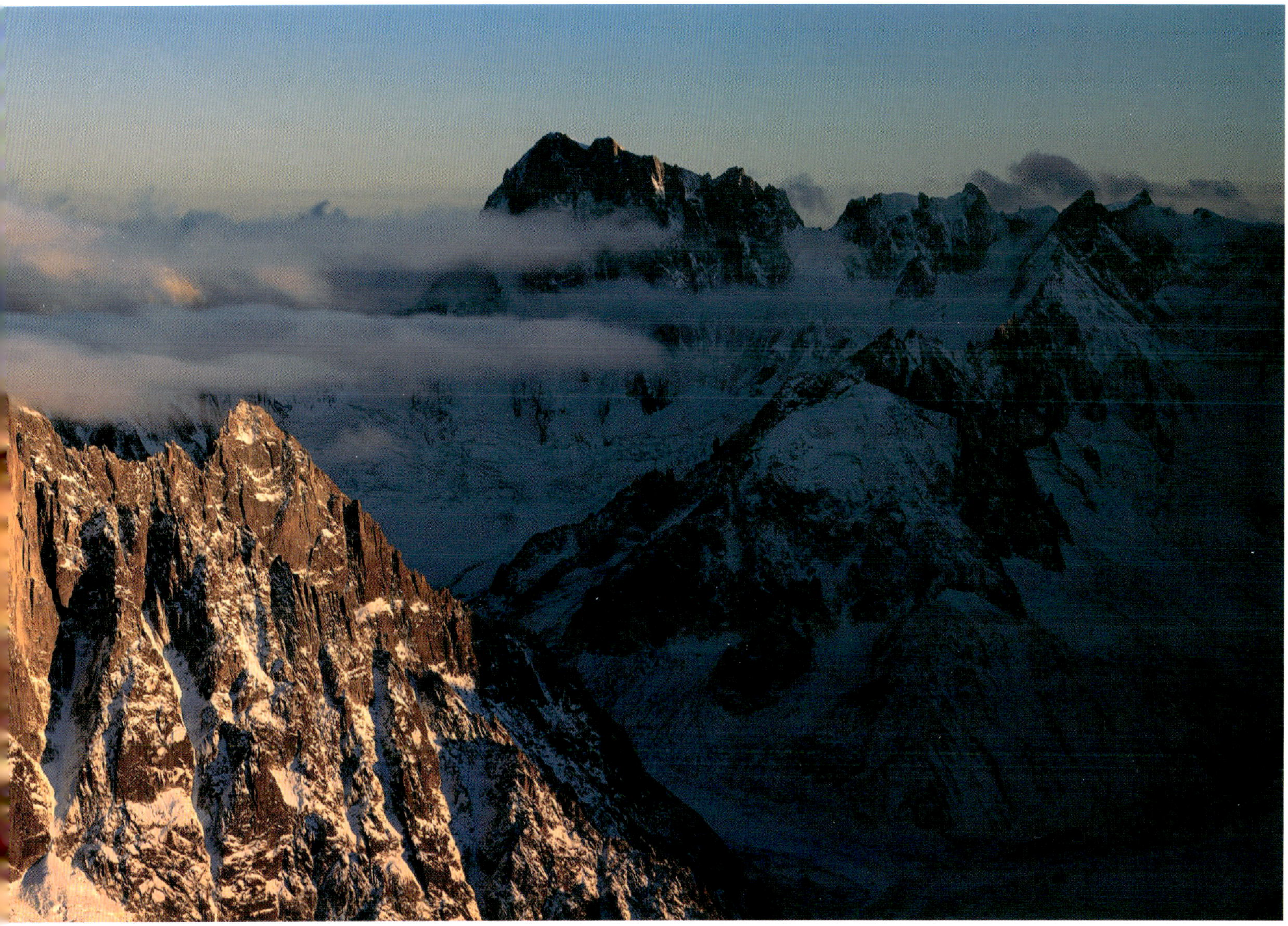

Sortie de la face nord des Courtes. Une arête fine qui court entre ciel et terre…

Leaving the north face of the Courtes, a slender ridge running between the heavens and the earth…

Traversée des Courtes. Traversée comme odyssée ont des racines communes. Des bouts de phrases posées a priori au hasard et qui pourtant dégagent un parfum d'absolu, d'horizons, d'amitiés et d'aventure.
Sur celle des Courtes, on retrouve tous ses ingrédients.

Traverse of the Courtes. The terms traverse and odyssey have common roots. Parts of sentences thrown together by chance and yet emitting an intoxicating blend of scents, horizons, friendship and adventure.
The traverse of the Courtes provides all these ingredients.

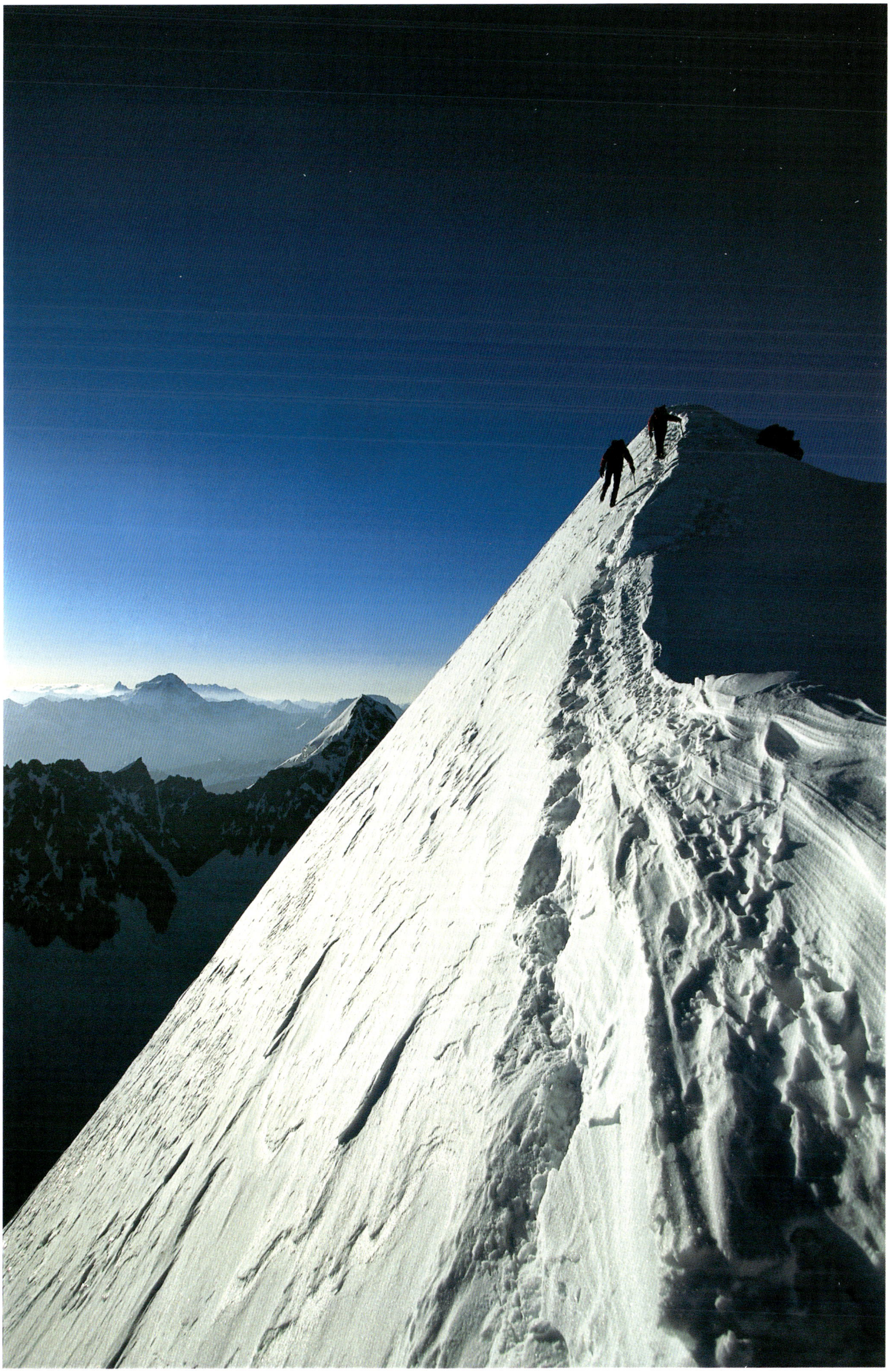

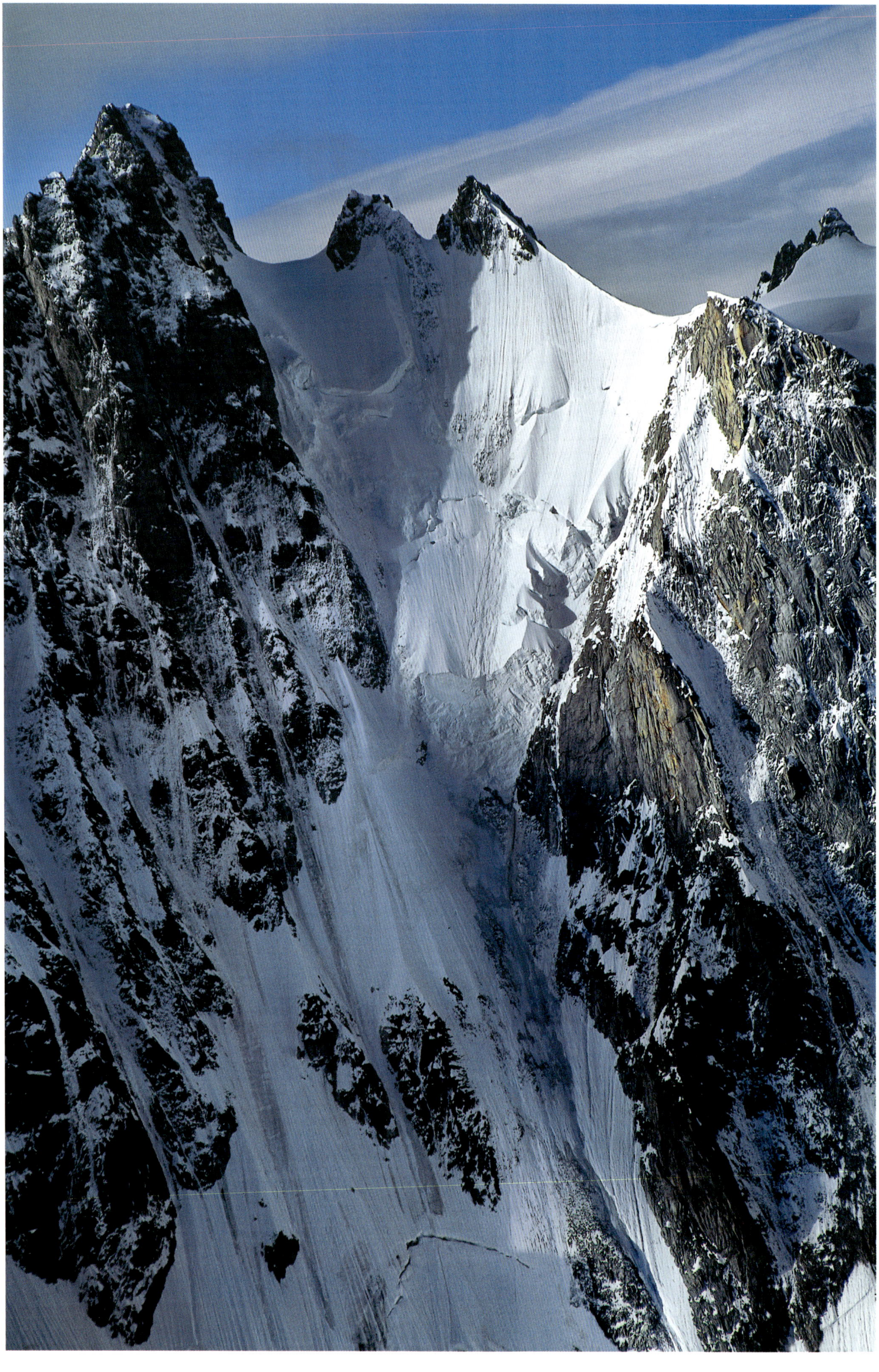

« Rien n'était petit dans la vue que l'on découvrait du Mont Dolent. Situé à la jonction de trois chaînes, il se dresse comme un véritable clocher au-dessus de tout ce qui l'entoure à une certaine distance ; et diverses brèches semblent ouvertes tout exprès dans les chaînes voisines pour étendre dans presque toutes les directions les limites de l'horizon. Cette vue aussi étendue que celle dont on jouit au sommet du Mont Blanc est bien plus belle … ».
Edward Whymper, « Escalades dans les Alpes », Ed. Hoëbeke.

"But there was nothing little about the view from the Mont Dolent. Situated at the junction of three mountain-ridges, it rises in a positive steeple far above anything in its immediate neighbourhood and certain gaps seem to open up especially in the neighbouring ranges and extending, in most directions, to the limits of the horizon. This view, as wide as the one from the summit of Mont Blanc, is far more beautiful…"
Edward Whymper, Scrambles amongst the Alps.

Face Nord du Triolet, voici la piste suspendue au bon vouloir d'un sérac qui surplombe tout ce versant. Aujourd'hui, la plupart des alpinistes préfère éviter cette course, rendue dangereuse par les chutes de glace.

The north face of the Triolet, a route dependent on the good will of a serac that overhangs the entire face. Today most climbers prefer to avoid this line, which the risk of ice fall has made dangerous.

Aiguilles du Chardonnet et d'Argentière après la tempête.
The Aiguille du Chardonnet and Aiguille d'Argentière after a storm.

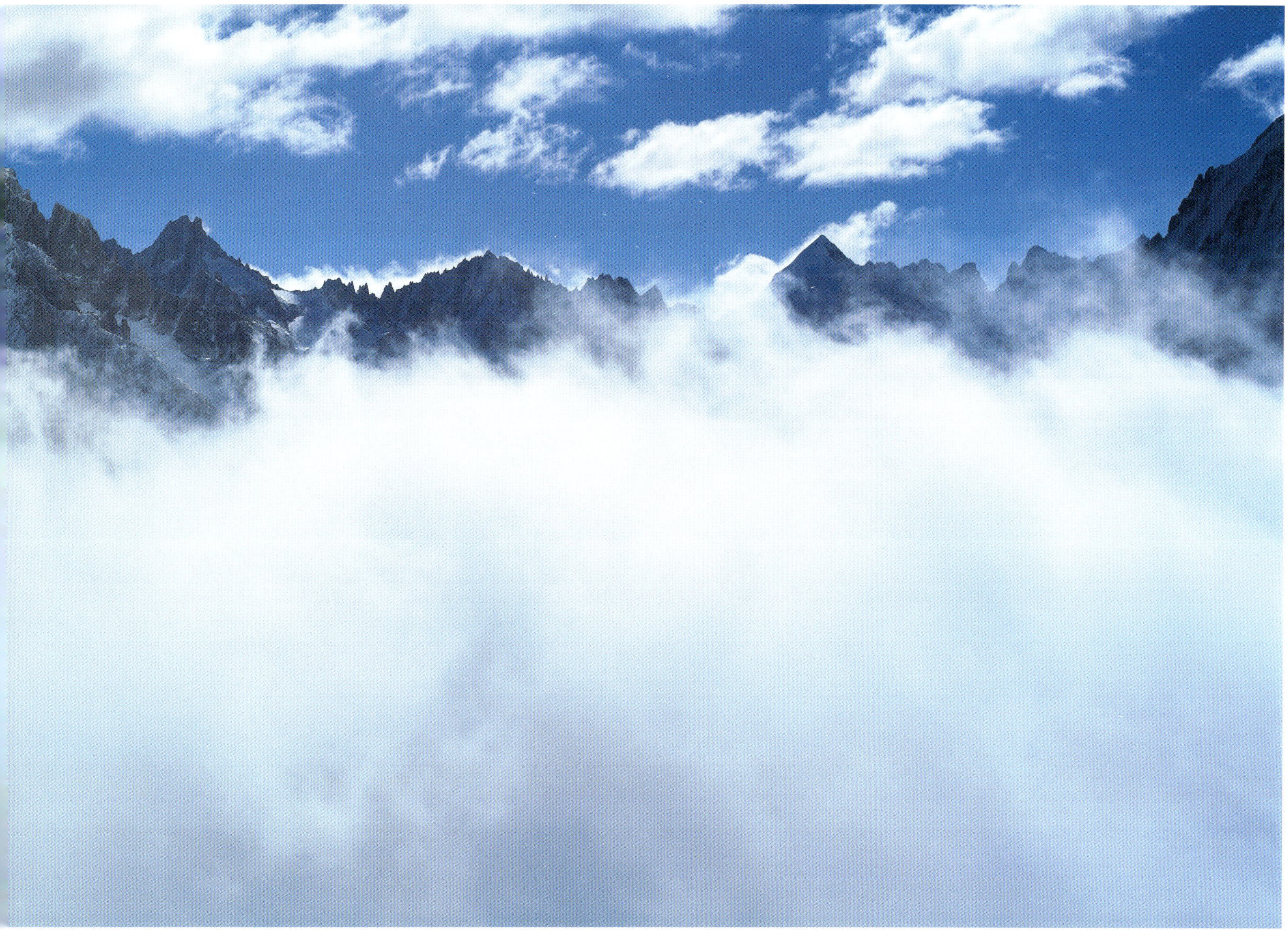

« Entre l'épais et puissant massif soutenant le plateau, et l'arête rocheuse précédant la corniche terminale de l'Aiguille d'Argentière, se trouve un des sites les plus tourmentés qui soient... Chaque flèche concourt à la beauté de l'ensemble et met en valeur les plans successifs ». Docteur Azéma, « Alpinisme », 1943.
Récit de la première ascension de l'arête du Jardin. Aiguille d'Argentière, arête du Jardin.

"Between the heavy, powerful range supporting the plateau and the rocky ridge just before the summit cornice on the Aiguille d'Argentière, is one of the most tormented sites that ever existed... Each arrow adds to the beauty of the whole picture, setting off the succession of views in the background." Doctor Azéma, Alpinisme, 1943.
Account of the first ascent of the Arête du Jardin. Aiguille d'Argentière, Arête du Jardin.

Longer l'écorce terrestre, découvrir la source des nuages, parcourir ces courbes qui donnent du relief. Au sommet de l'Aiguille d'Argentière, une cordée chemine avec les interrogations de cette nature toujours en mouvement. Au fond l'Aiguille Verte et les Droites rejoignent déjà la pénombre.

Wander along the earth's crust, discovering the source of the clouds, following the curves of the terrain…
A team of climbers reaches the summit of the Aiguille d'Argentière, these questions constantly surrounding them.
In the background the Aiguille Verte and the Droites are already in shadow.

Tous les glaciers ont une histoire commune. Elle commence dans un moment de furie, de lumières blafardes, de chutes de neige apocalyptiques et se termine un matin dans l'éblouissement des sommets encore secoués par la transition.
Glacier du Tour

Glaciers share a common history. It starts in a moment of fury, of pallid light, of apocalyptic snowfalls and finishes one morning under the glare of summits still rattled by the transition. The Glacier du Tour.

Un sommet apparemment secondaire et pourtant, cette Aiguille Purstcheller n'en finit pas de tutoyer les grands sommets.
Considered a secondary summit, the Aiguille Purstcheller is nevertheless up there with the great summits.

Les montagnes sont comme des barrières. Une sorte de garde-fou pour empêcher les hommes de passer par-delà. Obstinés, ils sont devenus alpinistes. Aiguille du Chardonnet, Verte et Mont Blanc au fond.

Mountains are like barriers. A sort of safeguard to prevent men from going any further. Yet men stubbornly became mountaineers. The Aiguille du Chardonnet, Verte and Mont Blanc in the background.

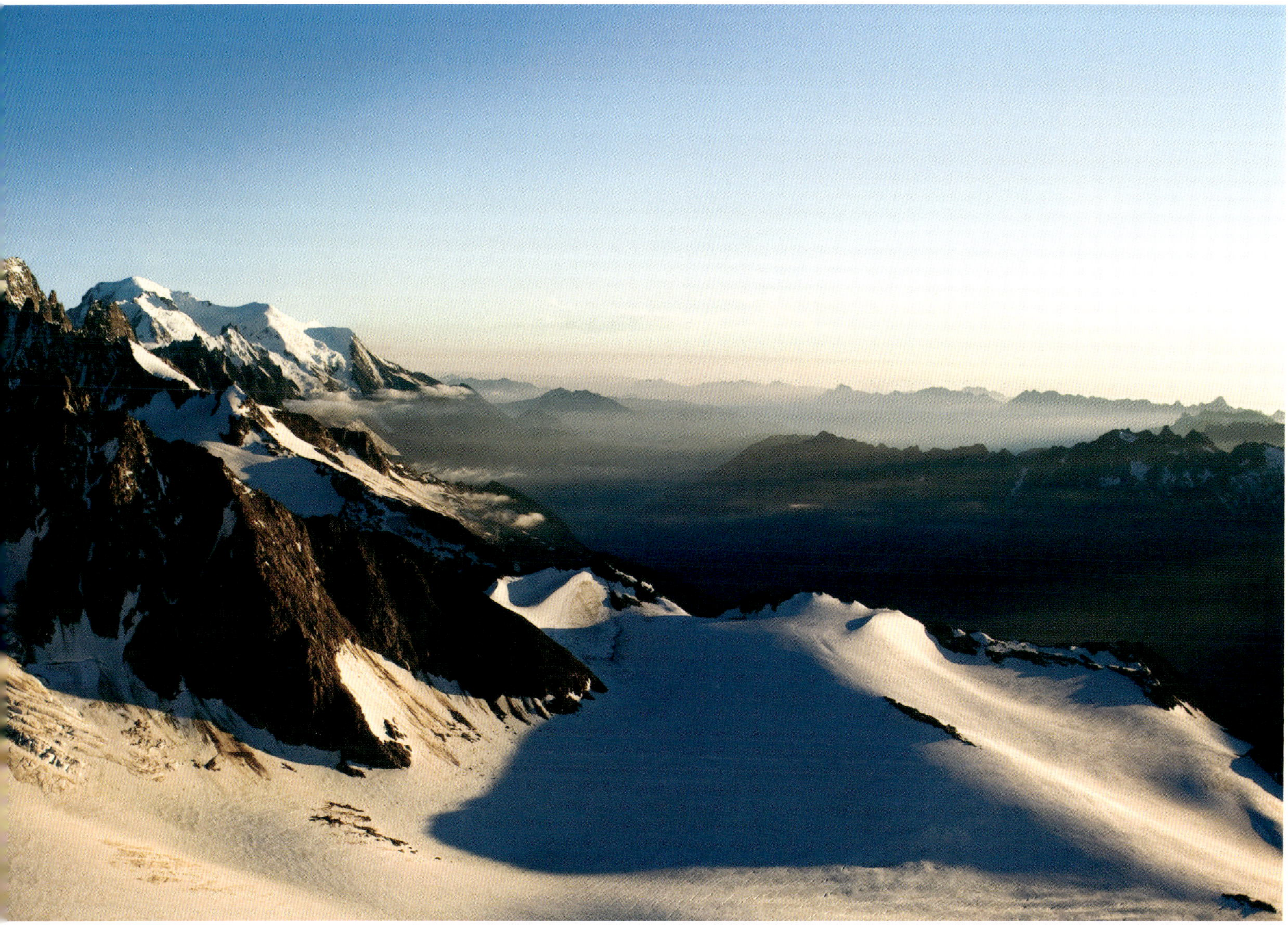

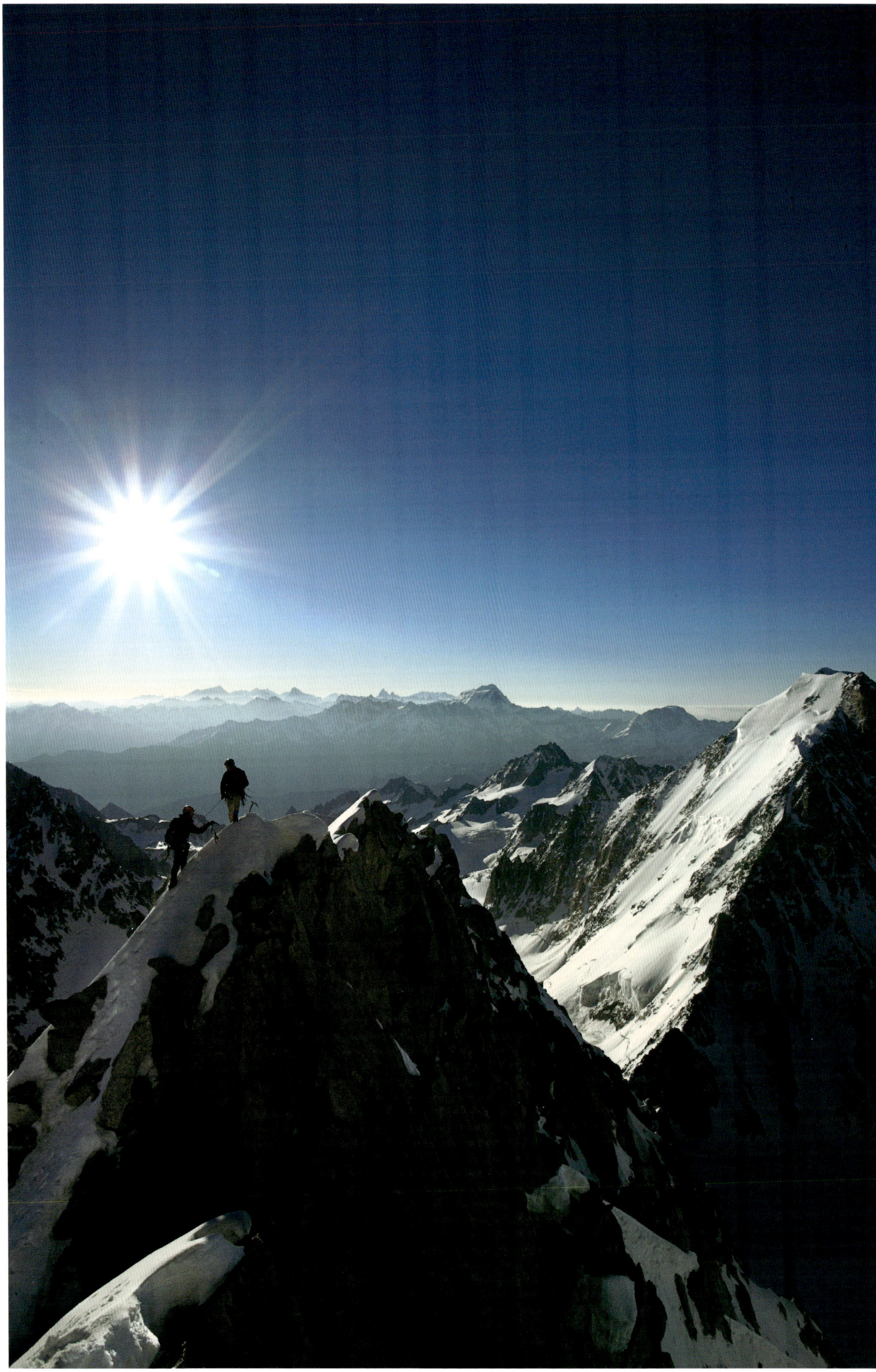

L'Aiguille du Tour et son glacier distillent leurs faveurs aux intrépides comme aux contemplatifs, avec autant d'équité que de générosité. Sur l'arête de la Table.

The Aiguille du Tour and its glacier reveal their favours to intrepid adventures and passive witnesses alike, with equal generosity and fairness. On the Arête de la Table.

« *Du haut des montagnes, on éprouve un sentiment étrange, celui d'avoir une vision raccourcie et résumée du monde. On perçoit la vie avec une lucidité surprenante, les sommets se rapprochent, les sentiments s'épurent, les efforts prennent tout leur sens. J'ai souvent ressenti cette sensation, tout particulièrement lorsque la course était belle et facile, comme sur cette sublime arête Forbes au Chardonnet. Un sourire de notre compagnon, et finalement, nous avions recueilli le plus beau des trésors… ».*
Fernand Audibert, Compagnie des Guides de Chamonix.

"*There is a strange feeling one gets at the top of a mountain, one of having a foreshortened and succinct vision of the world. We see life with a surprising lucidity, the summits appear closer, feelings are refined, and all our effort makes sense. I've often felt this, particularly when the route is beautiful and easy, such as the sublime Forbes Arête on the Chardonnet. A smile from our companion and finally, we had collected the most beautiful treasure…*"
Fernand Audibert, Chamonix Compagnie des Guides.

Comme toute chose, il suffit de regarder différement. L'Aiguille du Tour n'est pas imposante et pourtant sous un angle insolite, elle devient une grande montagne…

As with everything, sometimes one just has to look at things differently. The Aiguille du Tour is not immense yet from this unusual angle it appears huge…

Depuis le sommet de l'Aiguille du Tour, si le glacier est encore visible, la vallée de Chamonix elle a disparu dans les nuages, comme pour marquer une frontière distincte entre les montagnes et le monde d'en bas…

Although the glacier is still visible from the summit of the Aiguille du Tour, the Chamonix valley has disappeared under the clouds, as if marking out a distinct boundary between the mountains and the world below…

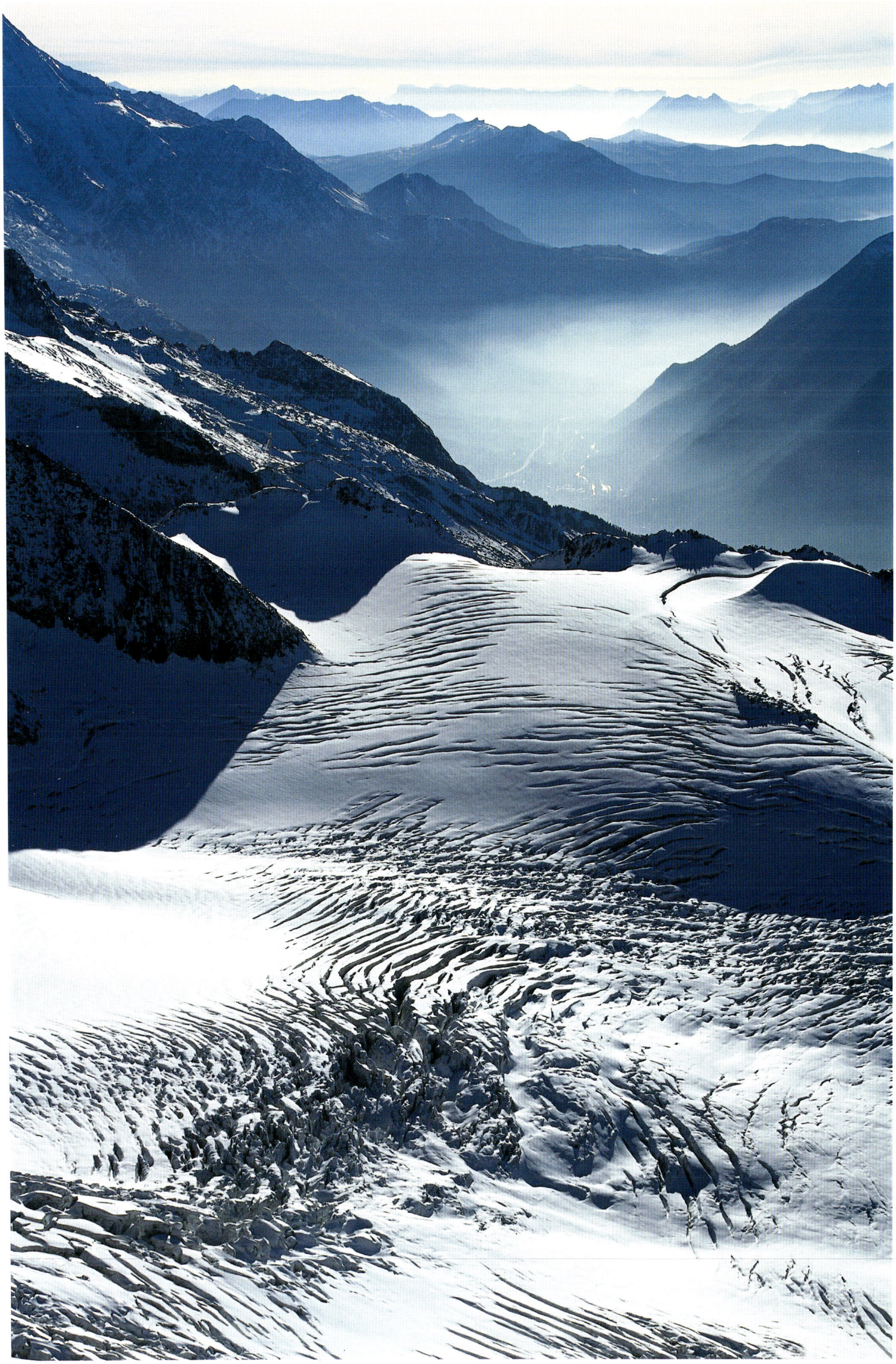

Une dernière vue comme un au revoir temporaire. Quand de plus la chaîne qui court de la Verte au Mont Blanc se dédouble, on sait alors que ce massif désormais nous envoûte et qu'il faudra sans doute revenir...

A last view like a temporary goodbye. As the chain of mountains from the Verte to the Mont Blanc reveals itself to us like this, we know we are falling under its spell and will have to return...

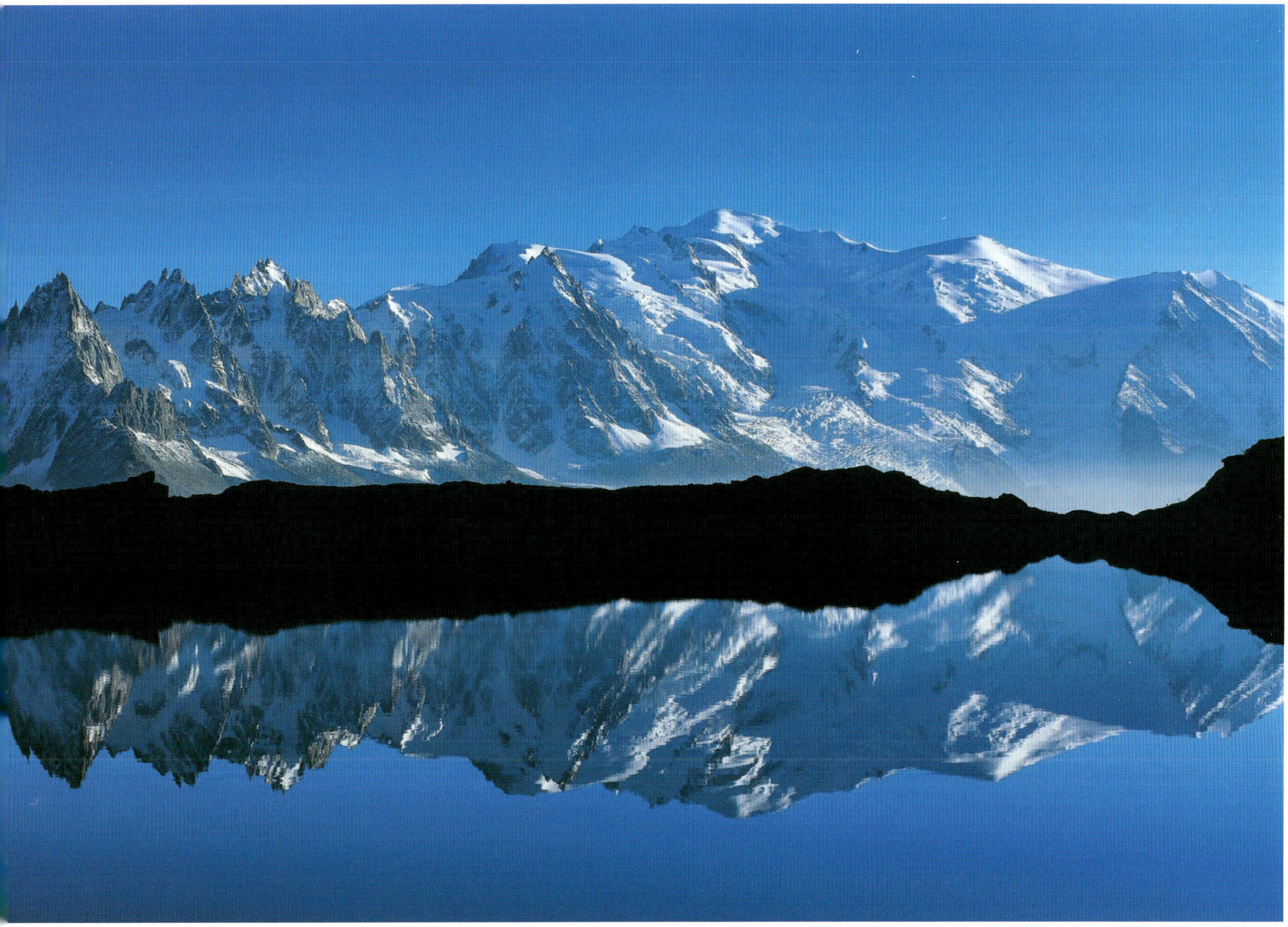

Les gens
du Mont Blanc

Désormais rattachés à un pilier, un couloir, une pointe, un éperon, des alpinistes ont laissé sur tous les sommets du massif des lambeaux de rêve, des signes de leurs passages. Malgré le vent et les tempêtes, nous vous proposons de retrouver leurs traces...

ALMER, Christian (père) : le guide le plus célèbre de son époque. Né et décédé à Grindelwald (1826-1898), il devint très rapidement un voyageur insatiable ouvrant dans la plupart des massifs alpins (Barre des Ecrins, Bans, Viso, Munch, Eiger...). Dans le Mont Blanc, il fut associé à Edward Whymper et toute la gloire de ses ascensions revint au client. Pourtant la première de l'Aiguille Verte et des Grandes Jorasses sont les signes intangibles de son talent...

ANDEREGG, Melchior : guide Oberlandais né près de Meiringen en 1827. L'un des plus fameux de « l'âge d'or ». Il a participé à quelques-unes des plus belles explorations du Mont Blanc. En 1859, il trace avec Hudson l'arête des Bosses qui deviendra la voie classique. Le 15 juillet 1865, il gravit l'éperon de la Brenva (en taillant des centaines de marches) avec Horace Walker, Adolphus Warburton Moore, George Spencer Mathews et son cousin Jakob Anderegg. La hardiesse de cette ascension marqua un tournant dans l'histoire de la montagne et ouvrait l'ère de l'alpinisme moderne. Actif aussi dans le Valais et les Dolomites, ce grand guide devait s'éteindre dans son Oberland natal à l'âge de 86 ans.

BALMAT, Jacques : l'ancêtre des guides de haute montagne. Cristallier, chasseur de chamois, ce chamoniard né au hameau des Pélerins en 1762 va très vite participer aux tentatives lancées sur le Mont Blanc. Surtout intéressé par la récompense promise par de Saussure, c'est en s'associant au docteur Paccard qu'il atteignit le sommet du Mont Blanc, le 8 août 1786. Nommé « Balmat dit Mont Blanc » par le roi de Sardaigne, il devait refaire 6 fois cette ascension comme guide. Il disparaîtra à l'âge de 72 ans en allant chercher de l'or dans la vallée de Sixt.

BONATTI, Walter : le chantre du Mont Blanc. Considéré comme le plus grand grimpeur de la période contemporaine. Né en 1930 à Bergame, dès 19 ans, il se voue au grand alpinisme, réalisant cette année-là, la face Nord du Piz Badile ou la Walker. En 1951, il ouvre avec Luciano Ghigo la face Est du Grand Capucin. Dès lors, le massif du Mont Blanc sera son repaire où il viendra panser ses plaies, suite à son aventure au K2 (Pilier Ouest des Drus en août 1955), ou repousser les limites des voies glaciaires (3 nouvelles voies dans le Pilier d'Angle avec Toni Gobbi en 1957, avec Cosimo Zapelli en 1962 et 1963). Frappé par la mort de quatre de ses compagnons au pilier du Frêney, il signera encore la première hivernale de la Walker (Avec Zapelli en 1963) et une nouvelle voie dans l'éperon Whymper (avec Michel Vaucher, 6-9 août 1964) aux Grandes Jorasses. Il abandonnera définitivement l'alpinisme de haut niveau en 1965 après une première solitaire hivernale dans la face Nord du Cervin.

BOIVIN, Jean-Marc : touche à tout fabuleux, aussi à l'aise au bout d'un parapente, sur une paire de skis, cramponné à des piolets que lancé dans un enchaînement, cet alpiniste talentueux va profondément marquer de son style hétéroclite la décennie 80. Guide de haute montagne, il ouvrira des voies de référence comme le Super Couloir au Tacul (1975, avec Patrick Gabarrou), la face Nord des Jorasses pour Extreme Dream (1986, avec Gérard Vionnet), il pratiquera le solo au plus haut niveau (intégrale de Peuterey en 10 h 30), louvoiera à ski dans les pentes les plus extrêmes (Nant Blanc ou couloir en Y à la Verte, par exemple...) et sera l'un des concepteurs des premiers enchaînements. Il trouvera la mort au Venezuela (Salto Angel) en 1990 au cours d'un saut en base jump. Il avait 38 ans.

BURGENER, Alexandre : un guide de légende pour des sommets de légende. Ce Valaisan, né à Eisten (vallée de Saas) en 1845, doué d'une force herculéenne, sera l'un des fondateurs de l'alpinisme sportif, inscrivant à son palmarès les plus grandes courses de l'époque, souvent avec un client avec qui il partageait le goût de la compétition : Mummery. Mais en fait, toute sa carrière, il s'associera à des alpinistes d'exception : Dent, Von Kuffner, Kschulz. Avec eux, il ouvrira quelques-unes des plus belles classiques du massif du Mont Blanc : la Kuffner au Maudit, le Grand Dru, le Grépon, les Grands Charmoz ou le couloir en Y à la Verte. Guide aussi actif dans le Valais, il sera emporté dans une avalanche en 1910, en montant à la cabane de Bergli.

CASSIN, Ricardo : c'est par la montagne qu'est arrivé ce brillant grimpeur de Lecco qui ne savait même pas où se situait la face Nord des Grandes Jorasses. Spécialiste des Dolomites, rochassier hors pair, du 4 août au 6 août 1938 avec Luigi Esposito et Ugo Tizzoni, il va ouvrir l'un des derniers grands problèmes des Alpes, ce fameux éperon Walker. Le roi du sixième degré venait de rentrer dans la légende...

CHABOD, Renato : Valdôtain d'origine, né à Aoste en 1909, ce pur amateur a été l'un des alpinistes les plus actifs dans les années 30. On lui doit la première de la face Sud du Mont Maudit (avec Lino Binel et Amilcare Crettier en 1929) le couloir du Diable au Tacul (avec Gabriel Bocalatte en 1930), le couloir Gervasutti, toujours au Tacul (avec Gervasutti en 1934), la face Nord de l'Aiguille Blanche de Peuterey (avec Aimé Grivel en 1933). Membre éminent du club alpin académique italien, avocat de profession, vice-président du Sénat en 1967 et 1968, il a écrit également plusieurs ouvrages sur l'histoire de la montagne qui font référence en Italie.

CHARLET, Armand : né au pied de ce massif en 1900, à Argentière exactement. Armand Charlet va marquer le milieu de la montagne de son empreinte. Doué, ambitieux, il quittera rapidement les voies classiques. Très vite aussi, il fera jeu égal avec les meilleurs amateurs lancés dans les derniers défis. Le voilà ouvrant 8 voies sur l'Aiguille Verte (dont il fera 100 fois l'ascension), découvrant la face Nord du Plan, la traversée des Aiguilles du Diable, le Dolent par le Nord, participant aux premières hivernales (Grépon, Dent du Requin, Traversée des Drus...). Responsable pendant plus de trente ans de la formation des guides français, il s'éteindra en 1975 face à ses montagnes fétiches.

CHARLET-STRATON, Jean-Estéril : célèbre pour son ascension victorieuse au Petit Dru, il fut aussi certainement l'un des guides français les plus brillants de sa génération. Né à Argentière en 1840, il sort très vite des grandes classiques du moment, en accompagnant, entre autres, Isabella Straton. Alors qu'elle est une parfaite débutante, il lui offre la première de l'Aiguille du Moine (1871), puis cinq ans plus tard, un sommet encore vierge et non répertorié : la pointe Isabelle (3761 m). Ce couple à la ville et à la montagne continuera sur sa lancée en réalisant la première hivernale du Mont Blanc (29 janvier 1876). La même année, il épouse sa cliente qui allait le pousser dans ses ptojets personnels. Lancé seul à l'assaut du Petit Dru, il devait s'y reprendre à deux fois avant de conquérir, en compagnie de Prosper Payot et Frédéric Folliguet, ce sommet, atteint le 29 août 1879. On lui doit aussi l'invention du rappel. Il décédera en 1925.

DESMAISON, René : le roi des grandes parois et sans doute l'alpiniste français le plus actif des années 60. Né à Bourdeille en 1930, il découvre la montagne à l'armée mais explosera littéralement après avoir rencontré Jean Couzy. Avec lui, il réalisera l'arête Nord de Peuterey (1956), la première hivernale de la face Ouest des Drus et la face Nord de la pointe Margherita aux Grandes Jorasses (1957). Après la mort de celui-ci, il va se lancer dans le solo, parcourant ainsi de nouveau les faces Ouest des Drus (1961) et de Blaitière, l'intégrale de Peuterey. On le retrouvera aussi sur le pilier central du Frêney, dans la face Ouest de l'Aiguille Noire de Peuterey (3 nouvelles voies). Puis il se lancera dans les grandes hivernales, reprenant d'abord le pilier central du Frêney (avec Flematti en 1967), ouvrant la pente du Linceul aux Grandes Jorasses (avec Flematti en 1968) avant de se lancer dans une nouvelle voie sur ce même versant (face Nord-Est) avec Serge Gousseault (1971), ascension qui se terminera tragiquement avec la disparition de celui-ci. Il reviendra conclure cet itinéraire avec Michel Claret et Giorgio Bertone en 1973. Bien sûr, René Desmaison a été aussi très actif dans les Préalpes, les Dolomites, en expédition (Jannu, Huandoy...). Il disparait en 2007 et reste l'un des plus grands personnages de l'alpinisme français...

FRISON ROCHE, Roger : plus que par l'action, c'est par le verbe et l'imaginaire que cet écrivain nous a fait découvrir le massif du Mont-Blanc. Né en 1906 à Paris mais « cent pour cent savoyard » par ses origines familiales (Beaufortain), il s'installe dès 1923 à Chamonix. Après une série de courses classiques en amateur ou comme porteur, il est admis à la Compagnie des Guides de Chamonix en 1930. C'est d'ailleurs le premier étranger à y être admis. Tout en parcourant le massif du Mont-Blanc, il devient reporter et publie, depuis l'Algérie en 1940, un roman « Premier de Cordée » qui va très rapidement devenir un best seller. Il publie par la suite deux autres romans sur ce thème : « La Grande Crevasse » et « Retour à la Montagne ». Mais son champ d'action ne se limitera à la montagne puisqu'il allait aussi explorer le Sahara, participer à des expéditions en Laponie, en Alaska ou dans l'Arctique Canadien. De ses voyages souvent effectués avec Georges ou Pierre Tairraz, il ramènera une moisson d'images et d'émotions qui donneront lieu à une vingtaine d'ouvrages. Il décède à Chamonix à quelques jours de l'an 2000...

GABARROU, Patrick : depuis 20 ans, ce guide français né en 1951 a fait du Mont Blanc son jardin secret. Surnommé « l'Attila du Mont Blanc » par l'Equipe Magazine, il a ouvert plus de sept itinéraires sur ce point culminant et plus de 120 sur l'ensemble des Alpes. On retiendra plus particulièrement Divine Providence au Pilier d'Angle (avec François Marsigny), le Super Couloir au Tacul (avec Jean-Marc Boivin) ou l'Hyper Couloir du Brouillard à l'Envers du Mont Blanc (avec Pierre-Alain Steiner).

GERVASUTTI, Guido : un romantique poussé vers l'altitude. Ce grimpeur italien, aussi à l'aise dans les Dolomites que dans les couloirs du Mont Blanc, n'hésitant pas, au-delà des clivages crées par les poussées nationalistes, à s'associer à des français (Lucien Devies), va laisser des traces d'élégance aux quatre coins du massif. Face Sud-Ouest de la pointe Guglielmina, pilier Nord du Frêney, face Est des Jorasses, couloir Gervasutti au Tacul. C'est sur cette dernière montagne, en descendant en rappel d'un pilier, qui désormais porte son nom, qu'il devait trouver la mort en 1946. Il avait 37 ans.

GRAHAM BROWN, Thomas : un nom attaché à la face Sud du Mont Blanc, trois des plus beaux itinétaites du Mont Blanc pour cc britannique qui, à l'âge de 46 ans, s'installe dans ces contreforts glacés et va ouvrir trois morceaux d'anthologie : La Sentinelle Rouge (en 1927 avec Frank S. Smythe), la Major (en 1928 avec le même compagnon) et la Poite (en 1928 avec les guides Alexander Graven et Alfted Aufdenblatten). Professeur de la Royal Society, il s'éteindra à Edimbourg en 1965, à l'âge de 83 ans.

KNUBEL, Joseph : grande figure de l'alpinisme du début du siècle, son nom est associé à celui de Geoffrey Winthrop Young. Né à Saint-Nicolas en 1881, c'est en 1905, en rencontrant ce client, que ce guide valaisan commence à faire parler de lui. D'abord, il écume le Valais puis, en 1911, cette cordée se lance dans le Mont Blanc. Ce sera la première de l'arête du Brouillard (9 août 1911), la traversée des Grandes Jorasses par l'arête Ouest (14 août 1911), elle-même suivie cinq jours plus tard de la première de la face Est du Grépon. Knubel franchira pour l'occasion le premier 5+ du massif du Mont Blanc. Cette association de choc devait prendre fin avec la première guerre mondiale d'où Young reviendra mutilé. Knubel restera un très grand guide qui continuera surtout à ouvrir en Suisse (Valais, Oberland, Bernina). Il s'éteindra dans son village natal en 1961.

MUMMERY, Albert Frederick : le fondateur de l'alpinisme sportif. Né à Douvres en 1855, il débarque dans le milieu de la montagne alors que la plupart des sommets alpins ont été conquis. En s'associant à un guide de valeur, Alexandre Burgener, il va alors renouveler le jeu de la montagne en sortant des voies normales, inventant ce que l'on appellera plus tard « l'alpinisme acrobatique ». En 1879, il innove en commençant par l'arête de Zmutt au Cervin. 1881 est son année puisqu'il réussit l'Aiguille Verte par le couloir en Y et surtout le Grépon. C'est sur cette montagne difficile qu'il franchit une nouvelle étape technique dans l'évolution de l'alpinisme. Par la suite, il ouvre une nouvelle voie sur l'Aiguille du Plan, sans guide ! Et réussit la première ascension de la Dent du Requin. Voyageur passionné, en avance sur son temps, il devait disparaître au cours d'une expédition sur le Nangat Parbat (Himalaya, Pakistan) en 1895.

PACCARD, Michel Gabriel : médecin chamoniard (Chamonix 1757-1827), il incarne l'alpiniste amateur, au contraire de Jacques Balmat. À partir de 1783, il participera à plusieurs tentatives pour trouver une voie d'accès. D'abord avec Bourrit puis avec J .C. Couttet en passant par la montagne de la Côte puis avec Pierre Balmat, directement par le Tacul avant d'essayer encore deux fois par l'Aiguille du Goûter. En s'associant à Balmat, il découvrit la voie d'accès et c'est ensemble qu'ils atteignirent le sommet le 8 août 1786. Par la suite, évincé dans la gloire de l'ascension par Jacques Balmat, manipulé par Bourrit, il renonça à publier sa version de l'ascension et demeura pendant longtemps dans l'ombre de son compagnon de cordée.

PAYOT, Michel : l'un des plus brillants guides de Chamonix (1840-1922). Il débute sa carrière à dix-huit ans, en accompagnant au Mont Blanc le professeur Tyndall. À 20 ans, il réussit la première du Grand Paradis. Puis en faisant équipe avec Anthony Reilly, lui-même associé à Whymper, il participe aux conquêtes du Dolent, des Aiguilles de Tré la Tête et de l'Aiguille d'Argentière (1864). En 1965, il est dans l'équipe qui enlève la face Nord-Ouest de Bionnassay. En rencontrant James Eccles, avec qui il grimpera pendant plus de quarante ans, il sera encore présent dans les grands challenges du massif. D'abord en enlevant la première des Aiguilles du Plan et de Rochefort. Mais leur conquête la plus remarquable demeure l'ascension du Mont Blanc par les glaciers du Brouillard et du Frêney en passant par un bout de l'arête de Peuterey (où il tailla des marches pendant plus de huit heures !).

PROFIT, Christophe : une comète au pays des sommets. Né en 1961 à Rouen, ce jeune guide va imposer au cours des années 80 un nouveau style basé avant tout sur la rapidité. Réalisant d'abord des belles voies en solitaire (première de la Directe Américaine en 82, première hivernale de l'arête de Peuterey en 84), on le retrouvera ouvrant aux quatre coins du massif (directissime française aux Drus, directissime du Linceul aux Jorasses, goulotte Abominette à l'Envers du Mont Blanc). Mais c'est surtout en enchaînant de grandes voies, dans des horaires époustouflants, qu'il se fera connaître. Les enchaînements des faces Nord les plus mythiques des Alpes (Eiger, Cervin et Grandes Jorasses) Jurant l'été 85 et l'hiver 87 marqueront un virage dans l'alpinisme de haut niveau.

REBUFFAT, Gaston : ambassadeur des horizons gagnés, ce marseillais d'origine né en 1921 a fait du Mont Blanc un jardin féerique. Lumineux guide qui eut à son actif quelques belles réalisations (seconde de la Walker, expéditions à l'Annapurna...), quelques jolies premières (face Sud de l'Aiguille du Midi, face Nord du Requin, face Nord de l'Aiguille des Pèlerins...), c'est surtout l'écriture qui va le faire connaître. Son premier titre « L'Apprenti montagnard », ébauche à peine déguisée des futurs « 100 plus belles courses » marquera un tournant dans l'évolution de la littérature alpine et dès lors, tous ses livres, qui donnent au métier de guide un éclat extraordinaire, tous seront des succès. Ces ouvrages, tirés en 27 langues, alimentent depuis des décennies l'imaginaire tous ceux qui rêvent de gravir le Mont Blanc. En 1985, il a rejoint ces sommets qui lui étaient si chers.

RAVANEL, Joseph (dit Le Rouge) : rouge par la couleur de ses cheveux, il fut l'un des rares guides chamoniards à tenter de reprendre les traces de Mummery et Burgener. Né en 1883 à Argentière, issu d'une famille qui allait compter 4 guides, excellent rochassier, c'est en s'associant à Emile Fontaine qu'il va, à l'orée de ses trente ans, démontrer ses qualités, tout spécialement dans les Aiguilles de Chamonix. Premières du versant Sud-Ouest de l'Aiguille de Blaitière et de l'Aiguille du Fou (1901), les Aiguilles Ravanel-Mummery, la traversée des Grands Charmoz et l'Aiguille Sans Nom en 1902 et 1903, la Dent du Crocodile et la pointe du Pré de Bar en 1904, l'Aiguille des Pèlerins, la Dent du Caïman en 1905, celles des Aiguilles du Peigne et des Ciseaux en 1906. Il eut comme client le roi des Belges, Albert 1er, et il fut l'un des principaux artisans de l'élévation de vierges au sommet des Drus et du Grépon.

REY, Emile : originaire de la Saxe, le seul village de Courmayeur d'où l'on voit parfaitement l'Aiguille Noire de Peuterey, c'est par cette montagne qu'il va entamer sa carrière de grand guide. Première ascension en 1877, puis celle de la Blanche en 1885. Il entraîne aussi Henri Dunod et François Simond dans la première traversée du Grand au Petit Dru (31 août 1887) et découvre le très bel itinéraire qui conduit du col de Miage au Dôme du Goûter en passant par l'Aiguille de Bionnassay. Mais son morceau de roi devait être la remarquable première ascension du Mont Blanc par l'arête de Peuterey en 1893 avec Paul Güssfeldt. Il trouvera la mort à 49 ans, en redescendant de la Dent du Géant.

REY, Adolphe : né en 1878 et décédé en 1969, ce grand guide de Courmayeur, fils d'Emile Rey, a surtout explosé après guerre alors qu'il venait de franchir le cap des quarante ans ! Jusqu'ici n'ayant pas trouvé de client à sa hauteur, il s'était contenté de répéter de beaux itinéraires. Mais l'âge mûr va le servir et pendant une décennie, jusqu'à ses 50 ans, il va ouvrir aux quatre coins du massif : première de l'Innominata (1919), de la pointe Sud de l'Aiguille Noire (1923), du Grand Capucin (1924), de l'arête des Hirondelles aux Grandes Jorasses (1927). À 85 ans, il continuait d'arpenter ce massif avec une passion encore intacte.

SAUSSURE, Horace Bénédict de : né en 1740 à Conches, il est considéré comme le fondateur de l'alpinisme. Issu de l'aristocratie genevoise, scientifique, il se cristallisa rapidement sur un objectif : la conquête du Mont Blanc. En proposant de fortes récompenses à ceux qui tenteraient ou trouveraient la voie d'accès à cette cime, il va contribuer à la naissance du métier de guide et permettre à des montagnards, jusqu'alors peu intéressés par ces sommets, d'en faire un nouveau débouché. Après le succès de Balmat et Paccard, il participera à la troisième expédition le 3 août 1787 et effectua quelques expériences au sommet même du Mont Blanc. Il écrivit aussi quatre volumes « Voyages dans les Alpes », qui contribuèrent largement au développement de l'alpinisme. Ruiné par la révolution de 1794, il s'éteignit le 22 janvier 1799 à Genève.

TERRAY, Lionel : né à Grenoble, rien ne prédisposait ce fils d'industriel à devenir le conquérant de l'inutile. Mais dès 14 ans, et son ascension du Grépon, il sait que la vallée de Chamonix sera au cœur de sa passion. Historiquement rattaché aux années cinquante, il pensait, comme beaucoup de ses contemporains, que la conquête des Alpes était terminée. C'est pourquoi il chercha avant rout à répéter des itinéraire majeurs et s'intéressa peu à l'ouverture de nouvelles voies sur des sommets secondaires. En rencontrant Louis Lachenal, il put mettre en application ces principes : seconde de la face Nord de l'Eiger, quatrième ascension de la Walker. Il donnera l'image d'un guide moderne. La conquête de l'Annapurna ne fera que renforcer son aura et par la suite, toutes les expéditions qu'il montera, dans les Andes (Chacraraju, Huatsan), en Pantagonie (Fitz Roy), en Himalaya (Makalu et Jannu) seront marquées du sceau de la technicité. Il est mort en 1965 dans la fissure en Arc de Cercle au Gerbier (Vercors).

WHYMPER, Edward : l'une des figures emblématiques de la montagne. Né à Londres en 1840, il réalise en moins de cinq ans quelques-unes des ascensions les plus marquantes de l'histoire de l'alpinisme. Fin technicien, ambitieux, connaissant parfaitement les Alpes, en s'associant aux plus grands guides de l'époque (Christian Aimer père, Michel Franz Biner, Michel Croz, Michel Payot), il formera l'équipe la plus pointue de ce siècle. En l'espace de deux ans, il réussit les premières de la Barre des Ecrins (25 juin 1864), du Dolent, des Aiguilles de Tré la Tête, de l'Aiguille d'Argentière (respectivement les 3, 12 et 15 juillet 1864). Puis en 65, il est le 16 juin au sommet du versant Sud des Grandes Jorasses, et le 24 juin, il réussit la première de l'Aiguille Verte. La conquête du Cervin et l'accident tragique d'une partie de l'équipe (4 morts dont Michel Croz) entacha le prestige de l'ascension et du même coup, celui de Whymper. S'il mit un terme à sa carrière alpine, il visita encore le Groenland (1872) et monta une expédition dans les Andes (1880). Ses livres restent des grands classiques de la littérature alpine (« Escalades dans les Alpes » et « Travels amongst the great Andes of the Equator »). D'un caractère difficile, il est mort, seul et sans amis, dans une chambre d'hôtel de Chamonix en 1911.

The people of Mont Blanc

Mountaineers have left traces of their hopes and dreams and signs of their visits on all of the peaks in the range, their names being given to a pillar, a couloir, a peak or a spur. Despite the wind and storms, we attempt to track them down.

ALMER, Christian (father): the most famous guide of his time. Born and died in Grindelwald (1826-1898), he quickly became an insatiable traveller, putting up routes in all the Alpine ranges (Barre des Ecrins, Bans, Viso, Munch, Eiger etc). He would be associated with Whymper in the Mont Blanc range, and the glory of their climbs went to his client. Nevertheless, the first ascent of the Aiguille Verte and the Grandes Jorasses are signs of his talent.

ANDEREGG, Melchior: A guide from the Oberland born near Meiringen in 1827 and one of the most famous men of the 'Golden Age' of mountaineering. He took part in some of the greatest explorations in the Mont Blanc range. In 1859, together with Hudson, he was the first person to set foot on the Arête des Bosses, which would become a classic route. On 15th July 1865 with his cousin Jakob Anderegg, he climbed the Brenva Spur (cutting hundreds of steps) with Horace Walker, Adolphus Warbuton Moore and George Spencer Mathews. This daring ascent marked a turning point in the history of mountaineering and heralded the arrival of modern alpinism. Also active in the Dolomites and in the Valais, this great guide died in his native Bernese Oberland at the age of 86.

BALMAT, Jacques: The father of mountain guides. A crystal and chamois hunter, this Chamonix local was born in Les Pélerins in 1762 and as a young man took part in various attempts to climb Mont Blanc. He was interested, above all else, in the reward offered by de Saussure and together with Doctor Paccard he reached the summit on 8th August 1786. Known as 'Balmat du Mont Blanc' by the King of Sardinia, he made the ascent six times as a guide. He died at the age of 72 in the Sixt valley, looking for gold.

BONATTI, Walter: Known as the bard of Mont Blanc and considered one of the most talented climbers of his time. He was born in 1930 in Bergamo and from the age of 19 he devoted himself to alpinism, climbing the north face of the Piz Badile and the Walker. With Luciano Ghigo in 1951, he made the first ascent of the east face of the Grand Capucin. From then on, Mont Blanc became his favourite haunt and where he licked his wounds, following his adventure on K2 (the west pillar of The Drus in 1955), and pushed the limits of ice climbing (three new routes on the Eckpfeiler with Toni Gobbi in 1957 and Cosimo Zapelli in 1962 and 63). Despite the shock of the death of four of his companions on the Frêney Pillar, he made the first winter ascent of the Walker (with Zapelli in 1963) and did a new route on the Whymper Spur (with Michel Vaucher, 6-9th August 1964) on the Grandes Jorasses. He finally abandoned high-level alpinism in 1965 after making the first solo winter ascent of the north face of the Matterhorn.

BOIVIN, Jean-Marc: Good at everything, as happy suspended beneath the canopy of his paraglider as he was in a pair of skis or holding ice axes, this talented alpinist left his mark on the 1980s with his own peculiar style. As a mountain guide, he put up some of the greatest routes in the massif such as the Super Couloir on the Tacul (1975 with Patrick Gabarrou), Extreme Dream on the north face of the Jorasses (1986 with Gérard Vionnet), he soloed hard routes (the integral of Peuterey in 10 1/2 hrs), skied extreme slopes (Nant Blanc and Y Couloir at the Verte) and was one of the first to link summits. He died in Venezuela (Salto Angel) in 1990 while BASE-jumping. He was 38 years old.

BURGENER, Alexandre: A legendary guide who climbed legendary summits. A Valaisan, he was born in Eisten (Saas valley) in 1845 and was blessed with a Herculean strength. He was one of the founders of the sporting alpinism movement, climbing the greatest routes of the period, often with a client who shared his taste for challenge: Mummery. He spent his whole career with exceptional mountaineers, including Dent, Von Kuffner and Kschulz. In their company, he made first ascents of some of the Mont Blanc range's greatest classic routes: the Kuffner on Mont Maudit, the Grand Dru, the Grépon, the Grandes Charmoz and the Y Couloir on the Verte. He also climbed in Valais and was carried off in an avalanche in 1910 on his way up to the Cabane Bergli.

CASSIN, Ricardo: It was in mountaineering that this great rock climber from Lecco, who had no idea where the north face of Grandes Jorasses was, made his name. A specialist on the rock of the Dolomites, this hugely talented rock climber solved, together with Luigi Esposito and Ugo Tizzoni, one of the last great problems of the Alps, the famous Walker Spur, on 4-6th August 1938. The king of the 'sesto grado' had just entered into legend.

CHABOD, Renato: Born in Aosta in 1909, this amateur climber was one of the most active mountaineers of the 1930s. He made the first ascent of the south face of Mont Maudit (with Lino Binel and Amilcare Crettier in 1929), the Couloir du Diable on the Tacul (with Gabriel Bocalatte in 1930), the Gervasutti Couloir also on the Tacul (with Gervasutti in 1934) and the north face of the Aiguille Blanche de Peuterey (with Aimé Grivel in 1933). An eminent figure of the Italian Alpine Club and a barrister by profession, he was vice-president of the Senate in 1967 and 1968 and wrote several very important books about the history of mountaineering in Italy.

CHARLET, Armand: Born at the foot of the range in Argentière in 1900, Armand Charlet left his mark on the mountain world. Talented and ambitious, he quickly left the classic routes. He soon became involved in the challenge to climb the last great routes alongside some of the strongest amateur climbers. He put up seven new routes on the Verte (he climbed it 100 times), explored the north face of the Plan, the Traverse of the Aiguilles du Diable, the north side of the Dolent, and participated in a number of first winter ascents (Grépon, Dent du Requin, Traverse of the Drus). Responsible for training French guides for more than 30 years, he died in 1975 opposite his favourite mountain.

CHARLET-STRATON, Jean-Estéril: Known for his triumphant ascent of the Petit Dru, Charlet was probably one of the greatest French guides of his generation. Born in Argentière in 1840, he quickly left the classics of the time to guide other routes with clients such as Isabella Straton. She was only a beginner when they made the first ascent of the Aiguille du Moine in 1871. Five years later they made the first ascent of an unlisted, unclimbed peak they named the Pointe Isabelle (3761m). A couple in town as well as in the mountains, they made the first winter ascent of Mont Blanc (27th January 1876). They were married the same year and his former client encouraged him in his personal ambitions. He tried the Petit Dru alone at first, and it took two attempts before he reached the summit with Prosper Payot and Frédéric Folliguet on 29th August 1879. He also invented the abseiling technique. He died in 1925.

DESMAISON, René: The king of great walls of rock and probably the most active French alpinist of the 1960s. Born in Bourdeille in 1930, he discovered mountaineering in the army and started climbing in earnest after meeting Jean Couzy. Together they climbed the north ridge of the Peuterey (1956), made the first winter ascents of the west face of the Drus and the north face of the Pointe Margherita on the Grandes Jorasses (1957). After Couzy's death, he started soloing, again climbing the west face of the Drus (1961) and the west face of the Blaitière, and the Peuterey Integral. He also climbed the central Frêney Pillar, the west face of the Aiguille Noire de Peuterey (three new routes). He then launched himself into great winter ascents, starting with the central Frêney Pillar (with Flematti in 1967), making a first ascent of the Linceul on the Grandes Jorasses (with Flematti in 1968) before climbing a new route on this same side (north-west face) with Serge Gousseault (1971), an attempt which finished with the tragic death of Serge. He returned to complete the route with Michel Claret and Giorgio Bertone in 1973. He was also very active in the Pre-Alps, the Dolomites, and on expeditions (Jannu, Huandoy etc). He died in 2007 and remains one of the great figures of French mountaineering.

FRISON ROCHE, Roger: More than through action, Frison Roche the writer takes on an exploration of the Mont Blanc range using our imagination. Born in 1906 in Paris but to a 'one hundred percent Savoyard' family (from the Beaufortain), he moved to Chamonix in 1923. After a series of climbs as an amateur and porter, he was admitted to the Compagnie des Guides de Chamonix in 1930. He was the first 'foreigner' (one not born in the valley) to be admitted. At the same time as travelling around the Mont Blanc range, he became a reporter and published, in Algeria in 1940, the novel *Premier de Cordée* (*First on the Rope*) that quickly became a bestseller. He published other novels on the same theme: *La Grande Crevasse* and *Retour à la Montagne*. He did not limit his writing to the mountains, and also explored the Sahara and took part in expeditions to Lapland, Alaska and the Canadian Arctic. From his travels, often with Georges or Pierre Tairraz, he brought back a harvest of images and experiences more than enough for more than twenty books. He died a few days before the year 2000.

GABARROU, Patrick: For over 20 years this French guide has seen Mont Blanc as his secret garden. Nicknamed 'the Attila of Mont Blanc' by Equipe Magazine, he has put up seven new routes on it and more than 120 in the Alps as a whole. Particularly memorable are: Divine Providence on the Pilier d'Angle (with François Marsigny), Super Couloir on the Tacul (with Jean-Marc Boivin) and Hyper Couloir on the Brouillard face of the Envers du Mont Blanc (with Pierre-Alain Steiner).

GERVASUTTI, Guido: A romantic drawn to high altitude. This Italian climber, as comfortable in the Dolomites as in Mont Blanc's couloirs, left his own elegant mark on the four corners of the range. He also made no secret of the fact of his association with French climbers such as Lucien Devies at a time of intense nationalistic feeling in Italy. His climbs in the Mont Blanc Massif include: the south-west face of the Pointe Gugliermina, the north Frêney Pillar, the east face of the Jorasses and the Gervassuti Couloir on the Tacul. It is here, on the pillar that now bears his name, that he died in 1946 while abseiling. He was 37.

GRAHAM BROWN, Thomas: A name associated with the south face of Mont Blanc with three great routes put up by a Briton who at the age of 46 laid siege to Mont Blanc's icy tresses. His three classic routes are: the Sentinelle Rouge (1927 with Frank S. Smyth), the Major (in 1928 with the same climber) and the Poire (in 1928 with the guides Alexander Graven and Alfred Aufdenblatten). A Fellow of the Royal Society, he died in Edinburgh in 1965 at the age of 83.

KNUBEL, Joseph: One of the greatest figures of mountaineering at the beginning of the 20th century, Knubel's name was associated with Geoffrey Winthrop Young. Born in Saint Nicolas in 1881, he first came to public attention after meeting his client. They initially climbed a great deal in Valais, before heading for Mont Blanc. They made the first ascent of the Brouillard Ridge (9th August 1911), the traverse of the Grandes Jorasses by the west ridge (14th August 1911), followed five days later by the first ascent of the east face of the Grépon. During that climb, Knubel made the first grade 5+ climb of the Mont Blanc range. The First World War brought their association to an end as Young came back wounded. Knubel remained a great guide and continued to put up numerous new routes, especially in Switzerland (Valais, Bernese Oberland, Bernina). He died, in the village where he was born, in 1961.

MUMMERY, Albert Frederick: The founder of sports alpinism. Born in Dover in 1855, he arrived in the mountains just when most of them had already been climbed. With a guide of great ability, Alexandre Burgener, he rewrote the rules of mountaineering by leaving the normal routes and inventing what would later be called 'acrobatic alpinism'. He started in 1879, with the Zmutt Ridge on the Matterhorn. 1881 was a good year for him as he climbed the Aiguille Verte via the Y Couloir and, more importantly, the Grépon. He broke new technical ground in the evolution of climbing on this mountain. Following that he put up a new route on the Aiguille du Plan without a guide! And did the first ascent of the Dent du Requin. An enthusiastic traveller, and ahead of his time, he died during an expedition to Nanga Parbat (Himalayas, Pakistan) in 1895.

PACCARD, Michel Gabriel: This Chamonix doctor (1757-1827) personifies the 'amateur' climber in contrast with Jacques Balmat, the 'professional'. From 1783 onwards, he took part in various attempts to find an access route up to Mont Blanc: first with Bourrit, then with J.C. Couttet via the Montagne de la Côte, then with Pierre Balmat via the Tacul before trying twice to go via the Aiguille du Goûter. He and Jacques Balmat finally found a way and reached the summit together on 8th August 1786. Afterwards, overshadowed by Balmat, who wanted to take all the glory and manipulated by Bourrit, he renounced publishing his own version of the first ascent and for a long time remained in the shadow of his colleague.

PAYOT, Michel: One of Chamonix's most talented guides (1840-1922). He started his career at eighteen, guiding Professor Tyndall on Mont Blanc. At twenty, he made the first ascent of the Gran Paradiso. He then teamed up with Anthony Reilly, himself associated with Whymper, and took part in the conquest of the Dolent, Aiguille de Tré la Tête, and Aiguille d'Argentière (1864). In 1865, he was part of the team that climbed the north-west face of the Bionnassay. He then met James Eccles, with whom he climbed for forty years, and was involved in all the great climbing challenges in the range. They started with the first ascent of the Aiguille du Plan and the Aiguille de Rochefort, but their most remarkable conquest was the first ascent of Mont Blanc via the Brouillard and Frêney glaciers, walking along a section of the Peuterey Ridge (that required him to cut steps for more than eight hours!).

PROFIT, Christophe: A comet in the mountains. Born in 1961 in Rouen, this young guide brought a new, fast style to the climbing of the 1980s. He started off by soloing some great routes (first solo ascent of the American Direct in 1982, first winter ascent of the Peuterey ridge in 1984) and then put up new routes all over the range (French Directissime on the Drus, Directissime on the Linceul on the Jorasses, the Abominette Goulotte on the Envers du Mont Blanc). But he is most well-known for linking up and making lightening ascents of the greatest routes in the Alps. He climbed the legendary Alpine north faces (the Eiger, Matterhorn, Grandes Jorasses in the summer of 1985 and the winter of 1987, marking a new chapter in high-level alpinism.

REBUFFAT, Gaston: This ambassador for undiscovered horizons from Marseilles, was born in 1921 and made Mont Blanc into a kind of garden of enchantment. A visionary guide who climbed some great routes (second ascent of the Walker, expedition to Annapurna etc), he also made great first ascents (south face of Aiguille du Midi, north face of Requin, north face of the Aiguille des Pélerins etc), and it is through his writing that he is best known. His first book, *L'Apprenti Montagnard*, is the barely disguised outline of his future *Mont Blanc Massif: the 100 Finest Routes*, which marked a turning point in the evolution of alpine literature. All his subsequent books, which throw an extraordinary light on the profession of the guide, were a success. Translated into 27 languages, these works have been feeding the imagination of people dreaming of climbing Mont Blanc for decades. He died in 1985.

RAVANEL, Joseph (known as 'Le Rouge'): Nicknamed 'Red' because of the colour of his hair, he was one of only a few Chamonix guides who tried to retrace the footsteps of Mummery and Burgener. Born in Argentière in 1883, from a family of four guides, he was an excellent rock climber and showed off his talents, mostly in the Chamonix Aiguilles, with Emile Fontaine. He made the first ascent of the south-west face of the Aiguille de Blaitière, the Aiguille du Fou (1901), the Aiguille Ravanel and Aiguille Mummery, the traverse of the Grands Charmoz and the Aiguille Sans Nom in 1902 and 1903, the Dent du Crocodile and the Pointe du Pré de Bar in 1904, the Aiguille des Pélerins, the Dent du Caïman in 1905, and the Aiguille du Peigne and Aiguille des Ciseaux in 1906. One of his clients was the king of Belgium, Albert 1st, and he was closely involved in the placing of the statues of the Virgin Mary on the Drus and Grépon.

REY, Emile: From Saxe, the only village in Courmayeur where one gets perfect views of the Aiguille Noire de Peuterey, where he started his career. He made the first ascent in 1877 and the first ascent of the Blanche in 1885. He took Henri Dunod and François Simond on the first traverse from the Grand to the Petit Dru (31st August 1887) and discovered the great route leading from the Col de Miage to the Dôme du Goûter via the Aiguille de Bionnassay. But his crowning glory was the first ascent of the route up to Mont Blanc via the Peuterey Ridge in 1893, which he made with Paul Güssfeldt. He died at the age of 49 while descending the Dent du Géant.

REY, Adolphe: Born in 1878 and died in 1969. This great Courmayeur guide was the son of Emile and was at his best after the war when he was in his forties. Before that time, not having found the right clients, he spent his time repeating classic routes. But old age and maturity seemed to help him and he spent a decade climbing new routes all over the massif: he made the first ascent of the Innominata (1919), the south summit of the Aiguille Noire (1923), the Grand Capucin (1924) and the Hirondelles Ridge on the Grandes Jorasses (1927). He was still striding his way through the massif with the same undimmed passion at the age of 85.

SAUSSURE, Horace Bénédict de: born in 1740 in Conches, he is considered the father of alpinism. A scientist, he was from an aristocratic Geneva family and he focused his energies on Mont Blanc. By offering large rewards to those who found a route up Mont Blanc, he contributed to the birth of the profession of mountain guide and invented a new job for the mountain people who until then had not been very interested in the mountains. After Balmat and Paccard's success, he took part in the third ascent of Mont Blanc on 3rd August 1787, carrying out experiments on the summit. He wrote the four-volume *Voyages dans les Alpes*, which contributed to the development of alpinism. Ruined by the revolution of 1794, he died on 22nd January 1799 in Geneva.

TERRAY, Lionel: Born in Grenoble, this son of a manufacturer had nothing to predispose him to becoming a 'Conquistador of the Useless'. Yet after his ascent of the Grépon at the age of 14, he already knew that the Chamonix valley would be at the heart of his passion. Like most of his contemporaries from the fifties, he thought the conquest of the Alps was over. That is why, initially, he tried to repeat the great routes and took little interest in putting up new routes on secondary summits. After meeting Louis Lachenal, he put principle into practice, making the second ascent of the north face of the Eiger and the fourth ascent of the Walker. He was the image of a modern guide. His ascent of Annapurna reinforced this image, as did the other expeditions he was involved in – the Andes (Chararaju, Huatsan), Patagonia (Fitz Roy) and the Himalayas (Makalu, Jannu) – which were all marked with the stamp of his technical skills. He died in 1965 on the Arcle de Cercle Crack on the Gerbier (Vercors).

WHYMPER, Edward: One of the great symbolic figures of the mountains. Born in London in 1840, he made in less than five years some of the most remarkable ascents in Alpine history. Technical and ambitious, with a great knowledge of the Alps, he joined forces with the best guides of the period (Christian Almer the elder, Michel Franz Biner, Michel Croz, Michel Payot) and brought together the best team of the century. In the space of two years, he made successful first ascents of the Barre des Ecrins (25th June 1864), the Dolent, the Aiguille de Tré la Tête and the Aiguille d'Argentière (respectively 3rd, 12th and 15th July 1864). Then in 1865, on 16th June he stood on the summit of the Grandes Jorasses and on 24th June he made the first ascent of the Aiguille Verte. The conquest of the Matterhorn was immediately followed by tragic accident, in which four of the party perished including Michel Croz, and sullied his image and the prestige of the ascent. He retired from his alpine career and subsequently visited Greenland (1872) and organised an expedition in the Andes (1880). His books are some of the great classics of Alpine literature (*Scrambles amongst the Alps* and *Travels amongst the great Andes of the Equator*). Bad tempered, he died friendless in the bedroom of a Chamonix hotel in 1911.

Textes et photos de Mario Colonel – Text and photos by Mario Colonel.
Traduction - Translation: Christine Baxter-Jones / Josephine Cleere.

Photo première page de couverture de Mario Colonel : le Mont Blanc, face Nord Est, lever de soleil.
Photograph on front cover by Mario Colonel: north-east face of Mont Blanc at sunrise.

Merci à Pascal Brun, Jacques Fouque, Corrado Truchet,
pilotes de Chamonix Mont Blanc Hélicoptère d'avoir été mes compagnons d'azur et d'horizons...

Que tous ceux qui m'ont accompagné sur ces chemins d'altitude et de patience retrouvent ici le sens de ces voyages lumineux :
Merci donc à Béatrice Mugnier, Marc Cereuil, Marco Gaïani, Philippe et Éric Magnin, Vincent Ravanel, Marc Desplanques, Regis Maincent, Richard Maffioli, Jean Blanchard, Vanko Maruzzi, Guillaume Fournier, François Pallandre, Jean-Noel Gaidet, Emmanuel Ranchin, Jean-Sébastien et Tristan Knoetzer, Pierrot Curral, Renald Quatrehomme, Philippe Serpolet, Jean-Christophe Bêche, Caroline Ware, Ottavio Deffazio, Philippe Bugaud, Sylvain Frendo, Marco Allodi, Charlie Adam, Jean-Luc Lugon, Bernard Muller, Guillaume Glinel, Kim Bodin, Jean-Patrice Rocher, Ludovic Sage, Isabelle Santoire.

Conception graphique et post-prod : dites voir!

© Mario Colonel Éditions, 19 rue Whymper, 74400 Chamonix.
Tous droits réservés pour tous pays.
ISBN : 978-2-9531900-0-7

Dépôt légal : juin 2008

Achevé d'imprimer en mai 2008 sur les presses de Grafiche Marini Villorba à Trevise (Italie)